铁　路　合　作　组　织

（铁　　组）

铁组成员国间国际联运旅客列车和车厢检查规则

（约 110）

铁组公用乘车证和铁组一次性免费乘车证的发放和使用规则

（约 111）

中　国　铁　道　出　版　社

2017 年·北京

图书在版编目(CIP)数据

铁组成员国间国际联运旅客列车和车厢检查规则(约110)铁组公用乘车证和铁组一次性免费乘车证的发放和使用规则(约111) :汉、俄 / 国家铁路局编.—北京:中国铁道出版社,2017.4

ISBN 978-7-113-22959-7

Ⅰ.①铁… Ⅱ.①国… Ⅲ.①国际运输-铁路运输-联合运输-铁路运输管理-汉语、俄语 Ⅳ.①F530.85

中国版本图书馆CIP数据核字(2017)第065609号

书　　名: 铁组成员国间国际联运旅客列车和车厢检查规则(约110)铁组公用乘车证和铁组一次性免费乘车证的发放和使用规则(约111)

作　　者: 国家铁路局

审　　校: 陈滋顶　尹琼瑶　陈　峰

责任编辑: 黄　筱　　**编辑部电话:** 010-51873055

封面设计: 崔丽芳

责任校对: 孙　玫

责任印制: 高春晓

出版发行: 中国铁道出版社(100054,北京市西城区右安门西街8号)

网　　址: http://www.tdpress.com

印　　刷: 中煤(北京)印务有限公司

版　　次: 2017年4月第1版　2017年4月第1次印刷

开　　本: 880 mm×1 230 mm　1/32　印张:3　字数:80千

书　　号: ISBN 978-7-113-22959-7

定　　价: 25.00元

目　　录

第一部分　铁组成员国间国际联运旅客列车和车厢检查规则（约110）（中文版）

第二部分　铁组公用乘车证和铁组一次性免费乘车证的发放和使用规则（约111）（中文版）

第三部分　铁组成员国间国际联运旅客列车和车厢检查规则（约110）（俄文版）

第四部分 铁组公用乘车证和铁组一次性免费乘车证的发放和使用规则(约111)(俄文版)

铁路合作组织
(铁 组)

第八版
铁组运输法专门委员会会议
(2016 年 11 月 22—24 日,华沙)商定
根据铁组委员会章程第 4 条第 2 项
由铁组部长会议核准
生效日期:2017 年 5 月 1 日
备注:2016 年 5 月 1 日第七版失效

约
110

铁组成员国间国际联运
旅客列车和车厢检查规则

1. 总　　则

1.1　铁组成员国间国际联运旅客列车和车厢检查规则(下称“规则”)确定了旅客列车的检查办法,旨在保证上述列车和车厢的工作人员在为旅客服务时能适当履行自身职责。

1.2　检查旅客列车和车厢时,检查人员应遵守规范国际联运旅客和行李运送规章的规定。

1.3　检查时尽量不打扰旅客。

1.4　旅客列车和车厢的检查由不少于两人的检查小组进行。

2. 有权检查列车和车厢的证件

2.1　有权检查列车和车厢的证件为铁组相应形式的工作证,工作证可以是记名工作证或持有人工作证(记名工作证样式见附件1,持有人工作证样式见附件2)。

2.2　有权检查列车和车厢证件的发放办法、数量,由铁组成员国承运人自行确定。

3. 发车前的列车和车厢检查

3.1　检查人员应在列车和车厢发车前检查下列事项:

3.1.1　车厢内部设备的卫生和技术状况,供电、空调、供水、供热和防火信号系统是否完好。

3.1.2　卧具、餐具、消毒和洗涤用具是否齐备。

3.1.3　是否有注明价格的服务项目及餐饮品类表。

3.1.4　是否存在车厢顺号指示牌和有关列车运行经路的信息。

4. 列车和车厢运行途中的检查

4.1　检查人员应在列车和车厢运行途中检查下列事项:

4.1.1　列车长、连挂车厢列车员或履行其职能的人员是否有列车资料文件,发放给他们的乘车票据、补加费收据是否与运行报单(卧铺使用通知书)数据相符,其填写是否正确。

4.1.2　旅客是否持有有效乘车票据,工作人员是否已对其检票。

凭电子乘车票据办理的：

未安装自动化旅客乘车检票系统（下称“自检系统”）的列车：

——名单和旅客电子注册报表（或证明）的编制和发放是否正确；

——旅客人数是否与名单和旅客电子注册报表相符，乘车票据数量是否与车厢乘车人数统计表的数据相符以及是否与实际乘车人数相符；

——旅客个人身份证明文件的数据是否与旅客电子注册信息相符。

安装了自检系统的列车：

——旅客个人身份证明文件的数据是否与电子乘车票据相符（必要时，检查同一席位出售两张客票的情况，需确认儿童开始乘车之日的年龄等）；

——电子乘车票据上的信息是否与乘务员信息传输移动终端上读取的电子乘车票据二维码（2D）信息相符。

4.1.3　乘车票据办理是否正确，其数量是否与运行报单（卧铺使用通知书）的数据相符。

4.1.4　是否遵守规定的携带品和动物运送标准。

4.1.5　有无工作人员且是否与随车文件中的信息相符，是否遵守了值班计划。

4.1.6　车内设备的卫生和技术状况是否符合要求。

4.1.7　包车的使用是否与随车文件相符。

4.1.8　车厢内有无铁组标准文件规定的向旅客提供的信息。

4.1.9　车厢内和车厢之间的过道是否通畅。

4.1.10　行李车上的行李和包裹是否与车辆交接员持有的运送票据相符。此外，检查车辆交接员的工作证件，有无乘务记录且是否正确，并检查车辆内部设备状况。

4.1.11　乘务人员是否遵守制服（专用的、卫生的）穿着规定。

5. 汇编列车和车厢检查结果

5.1　列车和车厢的检查结果应记载在列车长、连挂车厢乘务员或履行其职责人员的乘务记录中（无论发现或未发现不足），如发现违反本规则3.1.2、3.1.4、4.1.2~4.1.5、4.1.7、4.1.10各项规定情况，应编写相应格式的记录（检查记录样式见附件3）。

5.2　检查记录由检查人员填写，一式三份。其中一份留存列车长、加挂车厢列车员或履行其职能的人员处，另外两份附加在报表中。

检查记录由编制记录的检查人员使用本国语言和中文、德文或俄文中的一种语言填写。

5.3　承运人将关于发现的违规和不足的信息报送担当列车或车厢的承运人，以便其采取措施。

5.4　担当列车或车厢的承运人自收到材料后 30 日内向发现不足的承运人告知其所采取的措施。

附件 1

记名工作证样式

证件封皮

MC

铁 路 合 作 组 织

国际联运旅客列车和车厢

检 查 证 第　　号

照片

(35×45)

姓　名________________

职　务________________

发给________ **承运人代表**

有效期:______年　　延期至:______年

签字:　　　　盖章:

证件背面

该证件持有者有权根据现行铁组约 110 备忘录《铁组成员国间国际联运旅客列车和车厢检查规则》检查在____________运行的各国际旅客列车和车厢服务人员的工作情况和卫生技术状况。 -- -- -- --

1. 格式纸用密实的白纸制作,尺寸为 110 mm×90 mm。
2. 格式纸用两种语言印制:
   本国语言和中文、德文、俄文中的一种。
3. 证件有效期由承运人自行确定。
4. 根据身份证明文件填写姓名。

附件 2

持有人工作证样式

证件封皮

MC

铁 路 合 作 组 织

国际联运旅客列车和车厢

检 查 证 第　　号

发给＿＿＿＿＿＿＿＿＿＿＿＿＿＿＿＿承运人代表

有效期:＿＿＿＿年　　　　延期至:＿＿＿＿年

签字:　　　　　　　　盖章:

证件背面

<table><tr><td>
该证件持有者有权根据现行铁组约110备忘录《铁组成员国间国际联运旅客列车和车厢检查规则》检查在________运行的各国际旅客列车和车厢服务人员的工作情况和卫生技术状况。

出示公务证件时有效

</td></tr></table>

1. 格式纸用密实的白纸制作，尺寸为110 mm×90 mm。
2. 格式纸用两种语言印制：
   本国语言和中文、德文、俄文中的一种。
3. 证件有效期由各承运人自行确定。

附件 3

检查记录样式

记　　录*　A00001

本记录____年____月____日由________________________

（承运人）

代表____________________________组成的检查小组编制

（姓名、职务、铁组证件号码）

在场人：____

____

（姓名、职务）

记录内容：检查__________编组的______________（经路）第______________次列车第_______________号车厢时，在____区段发现：____

____

____

____

____

检　查　人

____

（签字，字迹清晰）

列车长________________

（签字，字迹清晰）

列车员________________

（签字，字迹清晰）

记录第二份收讫____________________________________

（签字，字迹清晰）

* 备注：记录格式纸用两种语言打印——编写记录的检查人员所在国语言和中文、德文或俄文中的一种。

铁 路 合 作 组 织
(铁　组)

第十版 铁组运输法专门委员会会议 (2016 年 11 月 22—24 日,华沙) 商定 根据铁组委员会章程第 4 条第 2 项 由铁组部长会议核准 **生效日期:**2017 年 5 月 1 日 **备注:**2016 年 5 月 1 日第九版失效	**约 111**

铁组公用乘车证和铁组一次性免费乘车证的发放和使用规则

Ⅰ. 铁组公用乘车证

一、一 般 规 定

1. 公务乘车时,发放铁组公用乘车证(铁组公用乘车证样式见附件 1)。

2. 在铁组成员国铁路范围内因铁路公务需要乘车的所有人员,均可由铁路发给铁组公用乘车证。

3. 私人乘车,禁止发放和使用铁组公用乘车证。

4. 铁组公用乘车证采用中、俄、德三种语言印制并由铁组委员会按照规定标准分配(铁组公用乘车证分配标准见附件 2)。

5. 铁组委员会掌管铁组公用乘车证分配表。

6. 铁组公用乘车证在有效期内,铁组委员会不予更换。

7. 铁组公用乘车证的发放、登记和使用办法由铁组成员国铁路行政机关确定。对于铁组委员会工作人员,按铁组委员会的指示确定。

8. 新接纳的铁组成员,在缴纳会费以前发给 3 本铁组公用乘车证,缴纳会费以后,按铁组公用乘车证标准发给乘车证。

9. 在第二个日历年度年底以前未缴纳两整年会费的情况下,部长会议通过关于取消铁组该债务成员铁组公用乘车证使用权的决议。

10. 铁组公用乘车证有效期规定为 5 年,必要时可予更改。有效期满后,铁组公用乘车证应返还铁组委员会。

11. 旅客应于乘车证有效期的最后一日完成乘车。乘车证有效期满即失效。

12. 铁组公用乘车证遗失时,有关铁组成员国铁路应将此事立即通知铁组委员会和铁组各成员。

13. 在填写铁组公用乘车证时,根据身份证明文件注明使用者姓名。

二、铁组公用乘车证使用规则

1. 铁组公用乘车证在下列国家铁路乘车有效:

阿塞拜疆共和国[阿(塞)铁]、白俄罗斯共和国(白铁)、保加利亚共和国(保铁)、匈牙利(匈铁)、越南社会主义共和国(越铁)、格鲁吉亚(格铁)、伊朗伊斯兰共和国(伊铁)、哈萨克斯坦共和国(哈铁)、中华人民共和国(中铁)、朝鲜民主主义人民共和国(朝铁)、吉尔吉斯共和国(吉铁)、拉脱维亚共和国(拉铁)、立陶宛共和国(立铁)、蒙古国(蒙铁)、摩尔多瓦共和国(摩铁)、波兰共和国(波铁)、俄罗斯联邦(俄铁)、罗马尼亚(罗铁)、斯洛伐克共和国(斯铁)、塔吉克斯坦共和国(塔铁)、土库曼斯坦(土铁)、乌兹别克斯坦共和国[乌(兹)铁]、乌克兰[乌(克)铁]、捷克共和国(捷铁)、爱沙尼亚共和国(爱铁)。

2. 铁组公用乘车证使用者在铁组成员国铁路范围内有权:

——免费乘坐任何种类的所有列车和车厢(一等车厢商务席位除外)。

——免费获得铁组成员国铁路规定必须预留席位的车厢内任何种类的卧铺票(一等车厢商务席位除外)。

——免费运送36公斤以内的携带品。

——免费使用全套卧具(一等车厢商务席位除外)。

3. 应于开始乘车前在铁组公用乘车证相应栏内记入使用者姓名、乘车证使用期限和使用者签名。如无签名,承运人有权拒绝承运。

4. 铁组公用乘车证仅限于提出身份证明文件时才有效。

5. 如凭铁组公用乘车证在规定必须预留席位的列车车厢中乘车时,发到站或运行经路位于不同的运价协定适用范围内,则对铁组公用乘车证按适用的运价分别办理直达区段的席位票。

6. 手续费和杂费不予核收。

7. 乘坐提供附加服务的座席时,可向旅客核收服务费。

8. 根据铁组成员国各路现行国内规定,在乘车前应向售票处、发售地点或车厢列车员提出铁组公用乘车证以便领取免费席位票。

有空闲席位时,铁组公用乘车证使用者有获取席位的优先权利。

9. 如果发站和(或)到站位于非铁组成员国铁路境内,或者运行经路经由非铁组成员国铁路过境运输,铁组公用乘车证使用者须支付:

——在非铁组成员国铁路乘车的票价。

——卧铺票票价。

Ⅱ. 铁路员工及其家属的铁组一次性免费乘车证

一、一 般 规 定

1. 铁路员工及其家属可领取铁组一次性免费乘车证,在自发放铁组一次性免费乘车证的铁组成员国铁路车站开始的铁组成员国各铁路上和国际运价规程中适用的经路上进行私人乘车。可发放铁组一次性免费乘车证用于在非铁组成员国铁路过境运输经路上乘车(铁组一次性免费乘车证样式见附件3)。

2. 铁组一次性免费乘车证用中、俄、德三种文字印制,并每年按照规定标准分配(铁路员工及其家属铁组一次性免费乘车证每年分配标准见附件4)。铁组一次性免费乘车证格式纸的有效期为2个日历年度。为此应在乘车证格式纸和存根上印制出格式纸的有效期。凭铁组一次性免费乘车证乘车应于格式纸有效期的最后一日完成乘车。铁组一次性免费乘车证格式纸有效期满即失效。

3. 铁组委员会管理铁组一次性免费乘车证分配表。

4. 铁组一次性免费乘车证的发放条件,按照发证的铁组成员国铁路的内部规定确定。

铁组一次性免费乘车证格式纸的填写按国际客协和国际客协办事细则确定的办理乘车票据的类似方法进行。

5. 铁组一次性免费乘车证的有效期,按照国际客协的规定确定。

6. 新接纳的铁组成员,在缴纳会费以后,根据标准发放铁组一次性免费乘车证。

7. 在第二个日历年度年底以前未缴纳两整年会费的情况下,部长会议通过关于取消铁组该债务成员铁组一次性免费乘车证使用权的决议。

8. 在填写铁组一次性免费乘车证时,根据身份证明文件注明使用者姓名。

9. 应于开始乘车前填写铁组一次性免费乘车证的所有项目栏。当铁组一次性免费乘车证上有未填写的项目栏时,承运人有权拒绝承运。

二、铁组一次性免费乘车证使用规则

1. 铁组一次性免费乘车证在下列国家铁路乘车有效:

阿塞拜疆共和国[阿(塞)铁]、白俄罗斯共和国(白铁)、保加利亚共和国(保铁)、匈牙利(匈铁)、越南社会主义共和国(越铁)、格鲁吉亚(格铁)、伊朗伊斯兰共和国(伊铁)、哈萨克斯坦共和国(哈铁)、中华人民共和国(中铁)、朝鲜民主主义人民共和国(朝铁)、吉尔吉斯共和国(吉铁)、拉脱维亚共和国(拉铁)、立陶宛共和国(立铁)、蒙古国(蒙铁)、摩尔多瓦共和国(摩铁)、波兰共和国(波铁)、俄罗斯联邦(俄铁)、罗马尼亚(罗铁)、斯洛伐克共和国(斯铁)、塔吉克斯坦共和国(塔铁)、土库曼斯坦(土铁)、乌兹别克斯坦共和国[乌(兹)铁]、乌克兰[乌(克)铁]、捷克共和国(捷铁)、爱沙尼亚共和国(爱铁)。

2. 凭铁组一次性免费乘车证有权:

——在铁组成员国铁路范围内免费乘坐铁组一次性免费乘车证上所载等级的所有列车和车厢(一等车厢商务席位除外)。

——每位旅客免费运送36公斤以内的携带品。

3. 乘坐规定必须预留席位的车厢时,必须获得席位票。

4. 如凭铁组一次性免费乘车证乘坐规定必须预留席位的列车车厢时,发到站或运行经路位于不同的运价协定适用范围内,则对铁组一次性免费乘车证按适用的运价分别办理直达区段的席位票。

5. 铁组一次性免费乘车证持有者可在票面所载经路上的任何车站开始乘车。

6. 在过境非铁组成员国铁路的经路上乘车时,铁组一次性免费乘车证持有者应支付:

——在非铁组成员国铁路乘车的票价。

——卧铺票票价。

7. 根据适用的运价支付票价差额后,允许改乘高于铁组一次性免费乘车证上所载等级的车厢。

8. 铁组一次性免费乘车证限于提出身份证明文件时才有效。

9. 凭一张铁组一次性免费乘车证允许不超过36人的铁路员工及其家属的团体乘车,而与中铁的直通和过境联运中,不超过5人。

10. 填写不超过5人的铁路员工和(或)其家庭成员共同乘车的铁组一次性免费乘车证时,注明所有乘车人员的姓名和护照号码。

填写不超过36人的铁路员工团体乘车的铁组一次性免费乘车证时,注明团长的姓名和护照号码。补充客票与注有姓名和护照号的全部团员名单附于铁组一次性免费乘车证(铁组一次性免费乘车证补充客票样式见附件5)。

Ⅲ. 铁组公用乘车证和铁组一次性免费乘车证有效性

白俄罗斯共和国:

自2015年6月1日起,不再向铁组铁路员工及其家属发放铁组一次性免费乘车证。

保加利亚共和国:

保加利亚铁路控股公司(保铁[控股])客运处通报,铁路员工及其家属旅行时,铁组一次性免费乘车证不允许用于保加利亚境内(鲁塞—瓦尔纳及鲁塞—布尔加斯)布达佩斯—布尔加斯 1471/1470 次和布达佩斯—瓦尔纳 1484/1480 次国际季节性列车。

匈牙利:

铁组公用乘车证在乘坐匈铁(客运)和吉肖富铁路列车时刻表所载的旅客列车时有效。

凭铁组公用乘车证仅可在铁组成员国境内的各站间运输中获得免费卧车和座卧车席位票。如果到站位于铁组成员国境外,席位票仅免费发放至运行经路中位于铁组成员国境内的最后一站。(例如,在布达佩斯—柏林联运中,发放至杰钦)。如果凭免费铁组公用乘车证乘车的旅客想获得全程(即至铁组成员国境外的到站)的席位票,则只能购买全价票。当然,只在旅客持有全程(即包括至铁组成员国境外到站的剩余区段)客票时发放席位票(铁组乘车证+FIP 乘车证或其他)。

考虑到,卧车和座卧车席位票收入归车辆所属路所有,其有权决定在铁组成员国境外的到站前获得这些车厢免费的席位票,铁组公用乘车证是否有效的问题,因此建议在本公司权限范围内的每一单独情况下,提供给车辆所属路。

在匈牙利铁路卧车中,凭免费铁组公用乘车证(铁组或 FIP 乘车证)乘车的旅客按必须履行的办法支付服务费。在必须预定坐席的列车中,凭免费铁组公用乘车证乘车的旅客,有权获得免费的席位票。若无席位票则仅可乘坐空余席位,但同时其无需缴纳罚金。

铁组公用乘车证对下列乘车情况无效:

——小于 1 435 毫米轨距的窄轨铁路。

——乘坐《BKV-HEV》市郊动车(由布达佩斯市公共运输公司运营)。

——乘坐有轨电车、公共汽车、地铁和内燃机船。

铁组一次性免费乘车证对乘坐匈铁(客运)和吉肖富铁路列车时刻表中所载的客车有效。

对于乘坐必须预定坐席的列车和车厢,以及乘坐卧铺车和座卧车,使用铁组一次性免费乘车证必须获得全价席位票。同时，如果到站位于铁组成员国国境外，则只在旅客持有全程（包括至铁组成员国境外到站的区段）客票时发放席位票。

在旅客无必须预定坐席的列车席位票时，除席位票价外，还需支付罚金。

铁组一次性免费乘车证对下列乘车无效：

——小于 1 435 毫米轨距的窄轨铁路。

——乘坐《BKV-HEV》市郊动车（由布达佩斯市公共运输公司运营）。

——乘坐有轨电车、公共汽车、地铁和内燃机船。

匈牙利区段内仅对东—西方运价指导书或铁盟 108-1 备忘录中所载各站间直达经路签发一次性乘车证。

哈萨克斯坦共和国：

不限制凭铁组公用乘车证和铁组一次性免费乘车证办理乘车票据和乘车。

拉脱维亚共和国：

不限制凭铁组公用乘车证和铁组一次性免费乘车证办理乘车票据和乘车。

立陶宛共和国：

不限制凭铁组公用乘车证和铁组一次性免费乘车证办理乘车票据和乘车。

摩尔多瓦共和国：

不限制凭铁组公用乘车证和铁组一次性免费乘车证办理乘车票据和乘车。

蒙古国：

不限制凭铁组公用乘车证和铁组一次性免费乘车证办理乘车票据和乘车。

波兰共和国：

波铁城际公司通报，波铁路网内铁组公用乘车证和铁组一次性免费乘车证适用于波铁城际公司、地区运输公司（Przewozy Regionalne）和马佐夫舍省铁路公司（Koleje Mazowieckie）列车。波兰路网内运营的其他承运人该乘车证不适用。

俄罗斯联邦：

根据铁组运输法专门委员会国际客协问题专家会议(2016 年 9 月 20—22 日,波兰共和国,华沙)议定书第 8.2 项现通知：

在俄罗斯联邦下列列车中使用铁组公用乘车证和铁组一次性免费乘车证没有限制：

——承运人为俄铁和联邦客运公司承运人的所有国内长途列车。

——莫斯科—北京第 20 次列车。

——莫斯科—华沙第 9/10 次“波罗乃兹”号列车,以及莫斯科—克拉科夫联运直通车厢。

——莫斯科—豆满江第 2 次列车。

——莫斯科—乌兰巴托第 6/5 次列车和莫斯科—额尔登特的直通车厢。

在下列列车中不能使用铁组公用乘车证和铁组一次性免费乘车证：

——私营承运人(Tverskoy Express 公司、Grand Servis Express 运输公司的莫斯科—圣彼得堡方向的运输 ,Trans Class Service 公司的莫斯科—伊热夫斯克、莫斯科—乌里扬诺夫斯克、莫斯科—基兹洛沃茨克等方向的运输)的国内长途列车。

——莫斯科—尼斯第 17/18 次列车。

——莫斯科—巴黎第 23/24 次列车。

——莫斯科—布拉格第 21/22 次列车和莫斯科—维也纳、圣彼得堡—布拉格、圣彼得堡—维也纳的直通车厢。

——所有近郊列车。

斯洛伐克共和国：

1. 铁组公用乘车证和铁组一次性免费乘车证可以无限制的在承运人斯洛伐克铁路公司(斯铁[股份])的所有列车上使用。除 SC Pendolino 高速列车外,在日利纳—波普拉德和塔特拉—科希策线路上的其余所有斯铁[股份]列车仅随附不定席位票(无席位票可用)使用。

凭铁组一次性免费乘车证乘坐 Pendolino 高铁的旅客需根据斯铁(货运)的运价购买价格为 5.0 欧元的席位票,凭铁组公用乘车证乘车的旅客可在售票处领取免费的席位票。

2. 铁组公用乘车证和铁组一次性免费乘车证不能在以下私营承运

人的长途列车上使用:REGIOJET(科希策—布拉格和科希策—布拉迪斯拉发线路)、LEO EXPRES(科希策—布拉格线路)和 ARRIVA(特伦钦—布拉格线路)。

3. 铁组公用乘车证和铁组一次性免费乘车证不能在 REGIOJET 私营承运人的区域列车上(科马尔诺—多瑙斯特雷达—布拉迪斯拉发线路)使用。

<u>乌克兰共和国</u>:

不限制凭铁组公用乘车证和铁组一次性免费乘车证办理乘车票据和乘车。

<u>捷克共和国</u>:

1. 铁组公用乘车证和铁组一次性免费乘车证可在承运人捷克铁路(捷铁—ČD)的所有列车上无限制地使用。除佩恩多利诺(SC Pendolino)公司在俄斯特拉发—奥洛穆茨—布拉格—比尔森—玛丽亚温泉市和海布线上的高速列车之外,其他所有捷铁列车仅凭任意卧铺票(无卧铺票可以使用)使用。对与佩恩多利诺公司的高速列车,持有铁组一次性免费乘车证的旅客以捷铁运价规程加上 100~250 捷克克朗(3.5 欧元起)的浮动价格购买卧铺票,持有铁组公用乘车证的旅客在窗口获得免费卧铺票。

2. 不允许铁组公用乘车证和铁组一次性免费乘车证用于私营承运人 LEO EXPRES(布拉格—博胡明和布拉格—乌赫尔斯基边境古城)和 REGIOJET(布拉格—俄斯特拉发—日利纳线)的长途列车。

3. 不允许铁组公用乘车证和铁组一次性免费乘车证用于私营承运人 GWT TRAIN REGIO 公司(特鲁特诺夫—克拉洛维茨—鲁巴乌卡、特鲁特诺夫—乌帕河畔的斯沃博达、卡罗维发利—索科洛夫—克拉斯利采—兹沃腾塔利、卡罗维发利—玛利亚温泉市和奥帕瓦河畔的米洛季采—普拉杰济采河畔的弗勒布诺)、JHMD 公司(因德日赫城堡—奥布拉坦—诺瓦贝斯特勒季采)、ARRIVA MORAVA 公司(顺佩尔克—代斯纳河畔的库迪—索博廷)和 VOGTLANDBAHN 公司(利贝雷茨—齐陶—雷布尼什特)的区域列车。

不允许铁组公用乘车证和铁组一次性免费乘车证用于联邦客运公司莫斯科—布拉格的“伏尔塔瓦”号列车(全价)。

爱沙尼亚共和国：

不限制凭铁组公用乘车证和铁组一次性免费乘车证办理乘车票据和乘车。

附件 1

铁组公用乘车证样式

正面

ОСЖД

OSShD

铁组

СЛУЖЕБНЫЙ БИЛЕТ
DIENSTFAHRKARTE

公　用　乘　车　证

尺寸:110 mm×90 mm
红色乘车证票皮上印有金色花纹的铁组标志和乘车证名称。

第 2 页和第 3 页

МЕЖДУНАРОДНОЕ ПАССАЖИРСКОЕ СООБЩЕНИЕ
INTERNATIONALER PERSONENVERKEHR
国 际 旅 客 联 运

Служебный билет №
Dienstfahrkarte Nr. 0 0 0 0 0 0
公用乘车证 №

Для бесплатного проезда по железным дорогам стран членов ОСЖД
Zur unentgeltlichen Fahrt auf den Eisenbahnen der Länder der OSShD-Mitglieder
在铁组成员国铁路上免费乘车用

Действителен до 31 декабря 20 __ г.
Gültig bis 31. Dezember 20 __
有效期至 20 __年 12 月 31 日

Выдан представителю железных дорог ______________
Ausgegeben dem Vertreter der Eisenbahnen ______________
发 给______________铁路代表

Варшава, 1 января 20 __ г.
Warschau, 1. Januar 20 __
华沙, 20 __年 1 月 1 日

Председатель Комитета ОСЖД
Vorsitzender des Komitees der OSShD
铁组委员会主席

第 4~35 页(供填写)

Фамилия и имя пользователя Name und Vorname des Benutzers 使用者姓名	Срок использования билета Termin der Fahrkartenbe-nutzung 乘车证使用期限	Подпись пользователя Unterschrift des Benutzers 使用者签名
1	2	3

Правила

1. Настоящий билет действителен для проезда по железным дорогам следующих государств:

Азербайджанской Республики (AZ), Республики Беларусь (BC), Республики Болгария (BDZ), Венгрии (MAV), Социалистической Республики Вьетнам (VZD), Грузии (GR), Исламской Республики Иран (RAI), Республики Казахстан (KZH), Китайской Народной Республики (KZD), Корейской Народно-Демократической Республики (ZC), Кыргызской Республики (KRG), Латвийской Республики (LDZ), Литовской Республики (LG), Республики Молдова (CFM), Монголии (MTZ), Республики Польша (PKP), Российской Федерации (RZD), Румынии (CFR), Словацкой Республики (ZSSK), Республики Таджикистан (TDZ), Туркменистана (TRK), Республики Узбекистан (UTI), Украины (UZ), Чешской Республики (CD), Эстонской Республики (EVR).

2. Пользователь служебного билета в пределах железных дорог стран-членов ОСЖД имеет право:

-на бесплатный проезд во всех поездах и вагонах любого класса (кроме мест бизнес-класса в вагонах 1 класса);

-на бесплатное получение плацкарты на место любой категории (кроме мест бизнес-класса в вагонах 1 класса) в вагонах железных дорог стран-членов ОСЖД, в которых предусмотрено обязательное резервирование мест;

-на бесплатный провоз до 36 кг ручной клади;

-на бесплатное получение комплекта постельного белья (кроме мест бизнес-класса в вагонах 1 класса).

3. Перед началом поездки в соответствующие графы служебного билета должны быть внесены фамилия и имя пользователя, срок использ ования билета и подпись пользователя. В случае отсутствия записи перевозчик вправе отказать в перевозке.

4. Служебный билет действителен только при предъявлении документа, удостоверяющего личность.

5. Если при проезде по служебному билету в вагонах поездов, в которых предусмотрено обязательное резервирование мест, станция отправления, назначения или маршрут следования находятся в сфере действия различных тарифных соглашений, к билету оформляются отдельные плацкарты на беспересадочные участки следования, приведенные в применяемых тарифах.

6. Комиссионные и дополнительные сборы не взыскиваются.

7. При проезде на местах с предоставлением дополнительных услуг с пассажира может взиматься сервисный сбор.

8. В зависимости от внутренних правил, действующих на железных дорогах стран-членов ОСЖД, перед началом поездки в вагонах, в которых предусмотрено обязательное резервирование мест, служебный билет должен быть предъявлен в билетную кассу, пункт продажи или проводнику вагона для получения бесплатной плацкарты.

При наличии свободных мест владелец служебного билета пользуется преимущественным правом получения места.

9. Если станция отправления и/или назначения находятся на территории железных дорог стран, не являющихся членами ОСЖД, или маршрут следования проходит транзитом по железным дорогам стран, не являющихся членами ОСЖД, с пользователя служебного билета взимается:

-стоимость билета за проезд по железной дороге страны, не являющейся членом ОСЖД;

-стоимость плацкарты.

VORSCHRIFTEN

1. Diese Fahrkarte gilt für die Fahrt in Wagen auf den Strecken der Eisenbahnen folgender Staaten: Aserbaidschanische Republik (AZ), Republik Weißrussland (BC), Republik Bulgarien (BDZ), Ungarn (MAV), Sozialistische Republik Vietnam (VDZ), Georgien (GR), Islamische Republik Iran (RAI), Republik Kasachstan (KZH), Volksrepublik China (KZD), Koreanische Demokratische Volksrepublik (ZC), Kirgisische Republik (KRG), Lettische Republik (LDZ), Litauische Republik (LG), Republik Moldau (CFM), Mongolei (MTZ), Republik Polen (PKP), Russische Föderation (RZD), Rumänien (CFR), Slowakische Republik (ZSSK), Republik Tadschikistan (TDZ), Turkmenistan (TRK), Republik Usbekistan (UTI), Ukraine (UZ), Tschechische Republik (CD), Estnische Republik (EVR).

2. Der Benutzer der Dienstfahrkarte ist auf allen Bahnstrecken der OSShD-Mitgliedsländer berechtigt:

-zur freien Fahrt in allen Zügen und Wagen aller Wagenklassen (ausgenommen sind Business-Class-Plätze der 1. Wagenklasse);

-zum unentgeltlichen Empfang einer reservierungspflichtigen Bett-, Liege-oder Platzkarte in allen Wagenklassen von den Eisenbahnen der OSShD-Mitgliedsländer (ausgenommen sind Business-Class-Plätze der 1. Wagenklasse);

-zur unentgeltlichen Beförderung bis zu 36 kg Handgepäck;

-zum unentgeltlichen Empfang eines Bettwäschesatzes (ausgenommen sind Business-Class-Plätze der 1. Wagenklasse).

3. Vor Reiseantritt sind der Vor-und Familienname, die Unterschrift des Benutzers und der Termin der Dienstfahrkartebenutzung in die entsprechenden Spalten der Dienstfahrkarte einzutragen. Sollen die Eintragungen fehlen, so hat der Beförderer das Recht den Reisenden von der Fahrt auszuschließen.

4. Die Dienstfahrkarte gilt nur in Verbindung mit einem amtlichen Ausweis.

5. Befinden sich der Abgangs-oder Bestimmungsbahnhof oder die Reisestrecke der Fahrt auf der Grundlage der Dienstfahrkarte in den reservierungspflichtigen Wagen in Geltungsbereichen von unterschiedlichen Tarifabkommen, so sind dazu getrennte Bett-, Liege-oder Platzkarten für die in den angewandten Tarifen aufgeführten direkten Verbindungen auszustellen.

6. Provision-und Nebengebühren dürfen nicht erhoben werden.

7. Bei der Fahrt auf den Plätzen mit zusätzlichen Dienstleistungen, können von dem Reisenden Service-Gebühren erhoben werden.

8. Je nach den geltenden internen Bahnvorschriften der OSShD-Mitgliedsländer ist die Dienstfahrkarte vor Antritt der Reise in den reservierungspflichtigen Wagen, am Fahrkartenschalter, in Verkaufsstellen oder dem Wagenschaffner für den Empfang der unentgeltlichen Bett-, Liege-oder Platzkarte vorzulegen.

Bei freien Plätzen hat der Benutzer der Dienstfahrkarte Vorzugsrecht auf einen freien Platz.

9. Befinden sich der Abgangs-und/oder Zielbahnhof auf den Bahnstrecken der OSShD-Nichtmitgliedsländer oder führt der Reiseweg im Transitverkehr auf den Strecken der Eisenbahnen der OSShD-Nichtmitgliedsländer, so sind von dem Benutzer der Dienstfahrkarte:

-der Beförderungspreis für die Fahrt auf den Strecken der Eisenbahnen des OSShD-Nichtmitgliedslandes

-der Bett-, Liege-oder Platzkartenpreis zu erheben.

使 用 规 则

1. 铁组公用乘车证在下列国家铁路乘车有效：

阿塞拜疆共和国[阿(塞)铁]、白俄罗斯共和国(白铁)、保加利亚共和国(保铁)、匈牙利(匈铁)、越南社会主义共和国(越铁)、格鲁吉亚(格铁)、伊朗伊斯兰共和国(伊铁)、哈萨克斯坦共和国(哈铁)、中华人民共和国(中铁)、朝鲜民主主义人民共和国(朝铁)、吉尔吉斯共和国(吉铁)、拉脱维亚共和国(拉铁)、立陶宛共和国(立铁)、蒙古国(蒙铁)、摩尔多瓦共和国(摩铁)、波兰共和国(波铁)、俄罗斯联邦(俄铁)、罗马尼亚(罗铁)、斯洛伐克共和国(斯铁)、塔吉克斯坦共和国(塔铁)、土库曼斯坦(土铁)、乌兹别克斯坦共和国[乌(兹)铁]、乌克兰[乌(克)铁]、捷克共和国(捷铁)、爱沙尼亚共和国(爱铁)。

2. 铁组公用乘车证使用者在铁组成员国铁路范围内有权：

——免费乘坐任何种类的所有列车和车厢(一等车厢商务席位除外)。

——免费获得铁组成员国铁路规定必须预留席位的车厢内任何种类的卧铺票(一等车厢商务席位除外)。

——免费运送36公斤以内的携带品。

——免费使用全套卧具(一等车厢商务席位除外)。

3. 应于开始乘车前在铁组公用乘车证相应栏内记入使用者姓名、乘车证使用期限和使用者签名。如无签名,承运人有权拒绝承运。

4. 铁组公用乘车证仅限于提出身份证明文件时才有效。

5. 如凭铁组公用乘车证在规定必须预留席位的列车车厢中乘车时,发到站或运行经路位于不同的运价协定适用范围内,则对铁组公用乘车证按适用的运价分别办理直达区段的席位票。

6. 手续费和杂费不予核收。

7. 乘坐提供附加服务的座席时,可向旅客核收服务费。

8. 根据铁组成员国各路现行国内规定,在乘车前应向售票处、发售地点或车厢列车员提出铁组公用乘车证以便领取免费席位票。

有空闲席位时,铁组公用乘车证持有者有获取席位的优先权利。

9. 如果发站和(或)到站位于非铁组成员国铁路境内,或者运行经路经由非铁组成员国铁路过境运输,铁组公用乘车证使用者须支付：

——在非铁组成员国铁路乘车的票价。

——卧铺票票价。

附件 2

铁组公用乘车证分配标准

顺号	铁　组　成　员	乘车证数量
1	阿塞拜疆共和国	17
2	白俄罗斯共和国	33
3	保加利亚共和国	34
4	匈牙利	35
5	越南社会主义共和国	22
6	格鲁吉亚	17
7	伊朗伊斯兰共和国	33
8	哈萨克斯坦共和国	30
9	中华人民共和国	70
10	朝鲜民主主义人民共和国	30
11	吉尔吉斯共和国	17
12	拉脱维亚共和国	17
13	立陶宛共和国	17
14	蒙古国	20
15	摩尔多瓦共和国	17
16	波兰共和国	47
17	俄罗斯联邦	80
18	罗马尼亚	43
19	斯洛伐克共和国	23
20	塔吉克斯坦共和国	17
21	土库曼斯坦	17
22	乌兹别克斯坦共和国	23
23	乌克兰	45
24	捷克共和国	33
25	爱沙尼亚共和国	17
26	铁组委员会	40
27	储　　备	51
	共　　计	845

附件 3

铁组一次性免费乘车证样式

正面

Корешок к разовому бесплатному билету
(годен на 2012- 2013гг.)
STAMM
Gültig für das Jahr 2012 und 2013
一次性免费乘车证存根
（2012 －2013年有效）

к билету ....
zum Fahrschein
属于乘车证

вагон............класс ....для...............человек
Wagen Klasse für Personen
车厢 等级 供 人使用

От ст. .... ж.д ....
Vom Bahnhof der Eisenbahnen
自 站 铁路

До ст. .... ж.д. ....
Nach dem Bahnhof der Eisenbahnen
至 站 铁路

Через ....
über
经由 и обратно und zurück 及返程

От ст. .... ж.д ....
Vom Bahnhof der Eisenbahnen
自 站 铁路

До ст. .... ж.д. ....
Nach dem Bahnhof der Eisenbahnen
至 站 铁路

Через ....
über
经由

Действителен по .... 20.......... г.
Gültig bis
有效期至

Выдан..
Ausgegeben an (кому) - (wen)（使用人）
发给

....

....

....

......................., ... 20........ г.
(дата) (Datum)（日期）

Подпись:
Unterschrift 签字

Печать ж.д., выдавшей билет
Stempel der Ausgabeverwaltung
发放乘车证铁路盖章

ОСЖД OSShD
铁组

РАЗОВЫЙ БЕСПЛАТНЫЙ БИЛЕТ ....
(годен на 2012- 2013гг.)
FAHRSCHEIN FÜR EINMALIGE FREIE FAHRT
(Gültig für das Jahr 2012 und 2013)
一次性免费乘车证
（2012－2013年有效）

Для проезда в вагоне.............класса для ....человек
im Wagen Klasse für Personen
乘坐 等级车厢，供 人使用

ПРОЕЗД ТУДА HINFAHRT 往程

От ст. .... ж.д. ....
Vom Bahnhof der Eisenbahnen
自 站 铁路

До ст. .... ж.д. ....
Nach dem Bahnhof der Eisenbahnen
至 站 铁路

Через ....
über
经由

ПРОЕЗД ОБРАТНО RÜCKFAHRT 返程

От ст. .... ж.д. ....
Vom Bahnhof der Eisenbahnen
自 站 铁路

До ст. .... ж.д. ....
Nach dem Bahnhof der Eisenbahnen
至 站 铁路

Через ....
über
经由

Действителен по .... 20....... г.
Gültig bis
有效期至

Выдан: ....
Ausgegeben an: (фамилия, имя, должность)
发给 (Name u. Vorname, Dienstbezeichnung)（姓名，职务）

Совместно следуют: ....
Mitreisende:
同行人员: ....

....

....

..........., ...20....... г.
(дата) (Datum)（日期）

Подпись и печать ж.д., выдавшей билет
Stempel u. Unterschrift der Ausgabeverwaltung
发放乘车证铁路签字和盖章

背面

П Р А В И Л А

1. Настоящий билет действителен для проезда по железным дорогам следующих государств:

Азербайджанской Республики (AZ), Республики Беларусь (BC), Республики Болгария (BDZ), Венгрии (MAV), Социалистической Республики Вьетнам (VZD), Грузии (GR), Исламской Республики Иран (RAI), Республики Казахстан (KZH), Китайской Народной Республики (KZD), Корейской Народно-Демократической Республики (ZC), Кыргызской Республики (KRG), Латвийской Республики (LDZ), Литовской Республики (LG), Республики Молдова (CFM), Монголии (MTZ), Республики Польша (PKP), Российской Федерации (RZD), Румынии (CFR), Словацкой Республики (ZSSK), Республики Таджикистан (TDZ), Туркменистана (TRK), Республики Узбекистан (UTI), Украины (UZ), Чешской Республики (CD), Эстонской Республики (EVR).

2. Билет дает право:

—на бесплатный проезд во всех поездах, в вагонах класса, указанного в билете (кроме мест бизнес-класса в вагонах 1 класса) в пределах железных дорог стран-членов ОСЖД;

—на бесплатный провоз до 36 кг ручной клади на каждого пассажира.

3. Для проезда в вагоне в котором предусмотрено обязательное резервирование мест, необходимо приобрести плацкарту.

4. Если при проезде по разовому бесплатному билету в вагонах поездов, в которых предусмотрено обязательное резервирование мест, станция отправления, назначения или маршрут следования находятся в сфере действия различных тарифных соглашений, к билету оформляются отдельные плацкарты на беспересадочные участки следования, приведенные в применяемых тарифах.

5. Владелец разового бесплатного билета ОСЖД может начать поездку на любой станции по маршруту, указанному на билете.

6. При оформлении поездки по маршруту, проходящему транзитом по территории железных дорог стран, не являющихся членами ОСЖД, с владельца бесплатного билета взимается:

—стоимость билета за проезд по железной дороге страны, не являющейся членом ОСЖД;

—стоимость плацкарты.

7. Оформление поездки в вагон высшего класса, чем указано в билете, допускается при оплате разницы стоимости проезда в соответствии с применяемыми тарифами.

8. Билет действителен при условии предъявления документов, удостоверяющих личность проезжающих по нему пассажиров.

9. По одному билету допускается проезд группы железнодорожников и членов их семей численностью не более 36 человек, а в прямом и транзитном сообщении с КЖД - не более 5 человек.

10. При заполнении разовых бесплатных билетов ОСЖД, выданных для поездок совместно следующих железнодорожников и/или членов их семей численностью не более 5 человек, указываются имена, фамилии и номера паспортов всех участников поездки.

При заполнении разового бесплатного билета ОСЖД, выданного для проезда группы железнодорожников численностью не более 36 человек, указывается имя, фамилия и номер паспорта руководителя группы. К указанному билету прилагается дополнительный бланк со списком всех участников группы с указанием имен, фамилий и номеров паспортов.

VORSCHRIFTEN

1. Diese Fahrkarte gilt für die Fahrt auf den Strecken der Eisenbahnen folgender Staaten:

Aserbaidschanische Republik (AZ), Republik Weiβrussland (BC), Republik Bulgarien (BDZ), Ungarn (MAV), Sozialistische Republik Vietnam (VZD), Georgien (GR), Islamische Republik Iran (RAI), Republik Kasachstan (KZH), Volksrepublik China (KZD), Koreanische Demokratische Volksrepublik (ZC), Kirgisische Republik (KRG), Lettische Republik (LDZ), Litauische Republik (LG), Republik Moldau (CFM), Mongolei (MTZ), Republik Polen (PKP), Russische Föderation (RZD), Rumänien (CFR), Slowakische Republik (ZSSK), Republik Tadschikistan (TDZ), Turkmenistan (TRK), Republik Usbekistan (UTI), Ukraine (UZ), Tschechische Republik (CD), Estnische Republik (EVR).

2. Dieser Fahrschein berechtigt zur:

-unentgeltlichen Fahrt in allen Zügen, in der Wagenklasse, die im

Fahrschein angegeben ist (ausgenommen sind Business-Class-Plätze der 1.

Wagenklasse) auf allen Bahnstrecken der OSShD-Mitgliedsländer;

-unentgeltlichen Beförderung von 36 kg Hand gepäck.

3. Bei der Fahrt in einem reservierungspflichtigen Wagen muβ eine Platzkarte gelöst werden.

4. Wenn bei der Fahrt auf der Grundlage des Fahrscheines für einmalige freie Fahrt in den reservierungspflichtigen Wagen befinden sich der Abgangs- oder Bestimmungsbahnhof oder die Reisestrecke in Geltungsbereichen von unterschiedlichen Tarifabkommen, so sind getrennte Bett-, Liege- oder Platzkarten für die in den angewandten Tarifen aufgeführten direkten Verbindungen zu diesem Fahrschein auszustellen.

5. Der Inhaber des OSShD-Fahrscheines für einmalige freie Fahrt darf die Reise an jedem Bahnhof antreten, der auf der in dem Fahrschein angegebenen Reisestrecke gelegen ist.

6. Befinden sich der Abgangs- und/oder Zielbahnhof auf den Bahnstrecken der OSShD-Nichtmitgliedsländer oder führt der Reiseweg im Transitverkehr bei den Eisenbahnen der OSShD-Nichtmitgliedsländer, so sind von dem Inhaber des freien Fahrscheines:

-der Beförderungspreis für die Fahrt auf den Strecken der Eisenbahnen des OSShD-Nichtmitgliedslandes

-der Bett-, Liege- oder Platzkartenpreis zu erheben

7. Der Übergang in eine höhere Wagenklasse als die im Fahrschein angegebene Klasse ist nach Zuzahlung des Preisunterschiedes in Übereinstimmung mit den angewandten Tarifen gestattet.

8. Der Fahrschein ist nur in Verbindung mit einem amtlichen Ausweis gültig.

9. Ein Fahrschein berechtigt zur Fahrt einer Gruppe von Eisenbahnern und ihren Familienmitgliedern von max. 36 Personen und im direkten sowie Transitverkehr bei den KZD von max. 5 Personen.

10. Bei der Ausfüllung der OSShD-Fahrscheine für einmalige freie Fahrt einer Gruppe von Eisenbahnern und/oder ihren Familienmitgliedern von max. 5 Personen sind Vornamen, Familiennamen und Passnummer aller Personen anzugeben.

Bei der Ausfüllung der OSShD-Fahrscheine für einmalige freie Fahrt einer Gruppe von Eisenbahnern von maximal 36 Personen ist der Vorname, Familienname und die Passnummer des Gruppenleiters anzugeben. An den Fahrschein ist ein zusätzliches Blatt mit dem Verzeichnis aller Gruppenmitglieder mit Angabe ihrer Vornamen, Familiennamen und Passnummer anzuheften.

使 用 规 则

1. 铁组一次性免费乘车证在下列国家铁路乘车有效：

阿塞拜疆共和国［阿（塞）铁］、白俄罗斯共和国（白铁）、保加利亚共和国（保铁）、匈牙利（匈铁）、越南社会主义共和国（越铁）、格鲁吉亚（格铁）、伊朗伊斯兰共和国（伊铁）、哈萨克斯坦共和国（哈铁）、中华人民共和国（中铁）、朝鲜民主主义人民共和国（朝铁）、吉尔吉斯共和国（吉铁）、拉脱维亚共和国（拉铁）、立陶宛共和国（立铁）、蒙古国（蒙铁）、摩尔多瓦共和国（摩铁）、波兰共和国（波铁）、俄罗斯联邦（俄铁）、罗马尼亚（罗铁）、斯洛伐克共和国（斯铁）、塔吉克斯坦共和国（塔铁）、土库曼斯坦（土铁）、乌兹别克斯坦共和国［乌（兹）铁］、乌克兰［乌（克）铁］、捷克共和国（捷铁）、爱沙尼亚共和国（爱铁）。

2. 凭铁组一次性免费乘车证有权：

——在铁组成员国铁路范围内免费乘坐铁组一次性免费乘车证上所载等级的所有列车和车厢（一等车厢商务席位除外）。

——每位旅客免费运送36公斤以内的携带品。

3. 乘坐卧车、座卧车和规定必须预留席位的座席车厢时，必须获得席位票。

4. 如凭铁组一次性免费乘车证乘坐规定必须预留席位的列车车厢时，发到站或运行经路位于不同的运价协定适用范围内，则对铁组一次性免费乘车证按适用的运价分别办理直达区段的席位票。

5. 铁组一次性免费乘车证持有者可在票面所载经路上的任何车站开始乘车。

6. 在过境非铁组成员国铁路的经路上乘车时，铁组一次性免费乘车证持有者应支付：

——在非铁组成员国铁路乘车的票价。

——卧铺票票价。

7. 根据适用的运价支付票价差额后，允许改乘高于乘车证上所载等级的车厢。

8. 铁组一次性免费乘车证限于提出身份证明文件时才有效。

9. 凭一张铁组一次性免费乘车证允许不超过 36 人的铁路员工及其家属的团体乘车，而与中铁的直通和过境联运中，不超过 5 人。

10. 填写不超过 5 人的铁路员工和（或）其家庭成员共同乘车的铁组一次性免费乘车证时，注明所有乘车人员的姓名和护照号码。

填写不超过 36 人的铁路员工团体乘车的铁组一次性免费乘车证时，注明团长的姓名和护照号码。补充客票与注有姓名和护照号的全部团员名单附于铁组一次性免费乘车证。

附件 4

铁路员工及其家属铁组一次性免费乘车证每年分配标准

顺号	铁 组 成 员	乘车证数量
1	阿塞拜疆共和国	100
2	白俄罗斯共和国	300
3	保加利亚共和国	200
4	匈牙利	300
5	越南社会主义共和国	200
6	格鲁吉亚	100
7	伊朗伊斯兰共和国	300
8	哈萨克斯坦共和国	100
9	中华人民共和国	900
10	朝鲜民主主义人民共和国	200
11	吉尔吉斯共和国	100
12	拉脱维亚共和国	100
13	立陶宛共和国	100
14	蒙古国	100
15	摩尔多瓦共和国	100
16	波兰共和国	750
17	俄罗斯联邦	1 500
18	罗马尼亚	400
19	斯洛伐克共和国	200
20	塔吉克斯坦共和国	100
21	土库曼斯坦	100
22	乌兹别克斯坦共和国	200
23	乌克兰	750
24	捷克共和国	300
25	爱沙尼亚共和国	100
26	铁组委员会	100
27	储 备	400
	共 计	8 100

附件 5

铁组一次性免费乘车证补充客票样式

正面

ÄÎÏÎËÍÈÒÅËÜÍÛÉ ÁËÀÍÊ
ÄËßÐÀÇÎÂÎÃÎ ÁÅÑÏËÀÒÍÎÃÎ
ÁÈËÅÒÀÃÐÓÏÏÛ
(ãîäåí íà 20 __-20 __ ãã.)

ZUSÄTZLICHER FAHRSCHEIN
DES FAHRSCHEIN FÜR EINMALIGE
FREIE FAHRT DER GRUPPE
(Gültig für das Jahr 20 __ und 20 __)

Ïîäïèñü è ïå÷àòü
æ.ä., âûäàâøåé áèëåò
Stempel u.Unterschrift
der Ausgabeverwaltung
发放乘车证铁路签字和盖章

ОСЖД OSShD
铁组

1 ....

团体一次性免费乘车证补充客票
(20 __-20 __年有效)

..............................20.....ã.
(Äàòà) (Datum) (日期)

Ê ðàçîâîó áèëåòó ....
Zum Fahrschein
属于一次性乘车证

Äåéñòâèòåëåí ïî ....
Gültig bis
有效期至

Âûäàí (ôàìèëèÿ, èìÿ, äîëæíîñòü): ....
Ausgegeben an(Name, Vorname, Dienstbezeichnung):
发给(姓名,职务)

....
Ïîäïèñü
Unterschrift
签字

Ñîïðîâîæäàþùèå ëèöà: ....
Mitreisende
同行人员:

	Ôàìèëèÿ, èìÿ Name, Vorname 姓名	[1]Ïàñïîðòà Passnummer 护照号		Ôàìèëèÿ, èìÿ Name, Vorname 姓名	[1]Ïàñïîðòà Passnummer 护照号
1.	....	....	19.	....	....
2.	....	....	20.	....	....
3.	....	....	21.	....	....
4.	....	....	22.	....	....
5.	....	....	23.	....	....
6.	....	....	24.	....	....
7.	....	....	25.	....	....
8.	....	....	26.	....	....
9.	....	....	27.	....	....
10.	....	....	28.	....	....
11.	....	....	29.	....	....
12.	....	....	30.	....	....
13.	....	....	31.	....	....
14.	....	....	32.	....	....
15.	....	....	33.	....	....
16.	....	....	34.	....	....
17.	....	....	35.	....	....
18.	....	....	36.	....	....

背面

ÄÎÏÎËÍÈÒÅËÜÍÛÉ ÁÈËÅÒ
ÄËß ÐÀÇÎÂÎÃÎ ÁÅÑÏËÀÒÍÎÃÎ
ÁÈËÅÒÀ ÃÐÓÏÏÛ
(ãîäàì íà 20 __-20 __ ãã.)

ZUSÄTZLICHER FAHRSCHEIN
DES FAHRSCHEIN FÜR EINMALIGE
FREIE FAHRT DER GRUPPE
(Gültig für das Jahr 20 __ und 20 __)

团体一次性免费乘车证补充客票
（20 __-20 __年有效）

Ïîäïèñü è ïå÷àòü
æ.ä., âûäàâøåé áèëåò
Stempel u.Unterschrift
der Ausgabeverwaltung
发放乘车证铁路签字和盖章

ОСЖД OSShD
铁组

1 ....

..............................20.....ã.
(Äàòà) (Datum) (日期)

Ê ðàçîâîó áèëåòó ....
Zum Fahrschein
属于一次性乘车证

Äåéñòâèòåëåí ïî ....
Gültig bis
有效期至

Âûäàí (ôàìèëèÿ, èìÿ, äîëæíîñòü): ....
Ausgegeben an(Name, Vorname, Dienstbezeichnung):
发给(姓名,职务)

Ïîäïèñü
Unterschrift
签字

ÏÐÎÅÇÄ ÒÓÄÀ
HINFAHRT
往程

æ.ä.
der Eisenbahnen
铁路

От ст./Vom Bahnhof/自 站
....
Äî ñò./Nach dem Bahnhof/至 站
....
×åðåç/über/经由
....
....
....
....
....

ÏÐÎÅÇÄ ÎÁÐÀÒÍÎ
RÜCKFAHRT
返程

æ.ä.
der Eisenbahnen
铁路

От ст./Vom Bahnhof/自 站
....
Äî ñò./Nach dem Bahnhof/至 站
....
×åðåç/über/经由
....
....
....
....

ОРГАНИЗАЦИЯ СОТРУДНИЧЕСТВА ЖЕЛЕЗНЫХ ДОРОГ (ОСЖД)

VIII издание

Согласовано Комиссией по транспортному праву на совещании в Варшаве 22-24 ноября 2016 г.

Утверждено Совещанием Министров ОСЖД в соответствии с процедурой, предусмотренной п. 2 ст. IV Регламента Комитета ОСЖД

Дата вступления в силу: 1 мая 2017 г.

Примечание: теряет силу VII издание от 1 мая 2016 г.

О 110

П Р А В И Л А
контроля пассажирских поездов и вагонов в международном сообщении между странами-членами ОСЖД

П Р А В И Л А
контроля пассажирских поездов и вагонов в международном сообщении между странами-членами ОСЖД

1. Общие положения.

1. 1. Правила контроля пассажирских поездов и вагонов в международном сообщении между странами-членами ОСЖД (далее-Правила) определяют порядок контроля пассажирских поездов и направлены на обеспечение надлежащего исполнения своих должностных обязанностей служебным персоналом этих поездов и вагонов при обслуживании пассажиров.

1. 2. При проведении контроля пассажирских поездов и вагонов контролирующие лица обязаны руководствоваться положениями нормативных актов, регулирующих перевозки пассажиров и багажа в международном сообщении.

1. 3. Контроль осуществляется с минимальным беспокойством для пассажиров.

1. 4. Контроль поездов и вагонов осуществляет группа контролирующих лиц в количестве не менее двух человек.

2. Документы на право контроля поездов и вагонов.

2. 1. Документом на право проведения контроля поездов и вагонов является удостоверение ОСЖД соответствующей формы. Удостоверение может быть именным или на предъявителя (образцы приведены в Приложениях 1 и 2 к Правилам).

2. 2. Порядок выдачи удостоверений на право проведения

контроля поездов и вагонов, их количество перевозчики стран-членов ОСЖД устанавливают самостоятельно.

3. Контроль поездов и вагонов перед отправлением.

3. 1. Перед отправлением поездов и вагонов контролирующими лицами проверяется:

3. 1. 1. Санитарное и техническое состояние внутреннего оборудования вагонов, исправность систем энергоснабжения, кондиционирования воздуха, водоснабжения, отопления и пожарной сигнализации;

3. 1. 2. Укомплектованность постельными и столовыми принадлежностями, дезинфицирующими и моющими средствами;

3. 1. 3. Наличие ассортимента предоставляемых услуг, продуктов питания с указанием их стоимости;

3. 1. 4. Наличие указателей порядковых номеров вагонов и информации о маршруте следования поезда.

4. Контроль поездов и вагонов в пути следования.

4. 1. В пути следования поездов и вагонов контролирующими лицами проверяется:

4. 1. 1. Наличие у начальника поезда, проводника прицепного вагона или лиц, исполняющих их функции, поездной документации, соответствие выданных им бланков проездных документов, доплатных квитанций, данным дорожной ведомости (карты-диаграммы) и правильность их заполнения;

4. 1. 2. Наличие действительных проездных документов пассажиров, их гашение служебным персоналом.

По электронным проездным документам:

в поездах, не оборудованных Автоматизированной системой контроля посадки пассажиров (далее-АСКПП):

-правильность оформления и выдачи Списка и Ведомости электронной регистрации пассажиров (далее-ЭРП) или Справки;

-соответствие количества пассажиров, указанных в Списке и ЭРП, и количества проездных документов данным бланка учета населенности вагона и количеству фактически проезжающих пассажиров;

-соответствие данных документа, удостоверяющего личность пассажира информации в ЭРП.

В поездах, оборудованных АСКПП:

-соответствие данных документа, удостоверяющего личность пассажира, с информацией в электронном проездном документе (в случаях необходимости таких, как продажа двух билетов на одно место, необходимость подтверждения возраста ребенка на день начала поездки и т.п.);

-соответствие данных, указанных в электронном проездном документе с информацией, отображаемой в Мобильном терминале передачи данных проводника при считывании штрих кода (2D) электронного проездного документа;

4. 1. 3. Правильность оформления проездных докум-ентов, соответствие их количества данным дорожной ведомости (карты-диаграммы);

4. 1. 4. Соблюдение установленных норм провоза ручной клади и животных;

4. 1. 5. Наличие и соответствие служебного персонала данным, указанным в вагонных сопроводительных документах, соблюдение графика дежурств;

4. 1. 6. Соблюдение требований к санитарному и техническому состоянию внутреннего оборудования вагонов;

4. 1. 7. Соответствие использования специальных вагонов сопроводи-тельным документам;

4. 1. 8. Наличие в вагонах информации для пассажиров, предусмотренной нормативными документами ОСЖД;

4. 1. 9. Наличие свободного прохода внутри вагонов и между вагонами;

4. 1. 10. Соответствие наличия багажа и товаробагажа в багажном вагоне, имеющимся у приемосдатчика вагона перевозочным документам, кроме того, проверяются служебные удостоверения приемосдатчиков вагонов, наличие и правильность ведения вагонной документации, состояние внутреннего оборудования вагона;

4. 1. 11. Соблюдение служебным персоналом порядка ношения форменной (специальной, санитарной) одежды.

5. Оформление результатов контроля поездов и вагонов.

5. 1. Результаты контроля поездов и вагонов оформляются записью в поездной документации начальника поезда, проводника прицепного вагона или лиц, исполняющих их обязанности (независимо обнаружены недостатки или нет). Нарушения, указанные в пунктах 3. 1. 2, 3. 1. 4, 4. 1. 2-4. 1. 5, 4. 1. 7, 4. 1. 10 настоящих Правил, оформляются актом соответствующей формы (Приложение 3 к Правилам).

5. 2. Акт составляется контролирующими лицами в трех экземплярах, один из которых остается у начальника поезда, проводника прицепного вагона или лиц, исполняющих их функции, два экземпляра-прилагаются к отчету.

Акт заполняется на языке государства, контролирующие лица которого составили акт, и на одном из языков-китайском, немецком или русском.

5. 3. Перевозчик направляет сообщения о вскрытых нарушениях и недостатках перевозчику формирования поездов или вагонов для принятия мер.

5. 4. Перевозчик формирования поезда или вагона в течение 30 дней с момента получения материалов информирует перевозчика, обнаружившего недостатки, о принятых мерах.

Приложение 1 к Правилам контроля пассажирских поездов и вагонов в международном сообщении между странами-членами ОСЖД

Лицевая сторона удостоверения

ОБРАЗЕЦ

МС О Р Г А Н И З А Ц И Я

сотрудничества железных дорог

У Д О С Т О В Е Р Е Н И Е №

на право контроля пассажирских поездов и вагонов

в международном сообщении

ФОТО

(35×45)

Фамилия, имя______________

Должность____________

Выдано представителю

перевозчика____________

Действует в течение________г. Продлено до________г.

Подпись Печать

оборотная сторона удостоверения

Владелец этого удостоверения имеет право производить контроль работы служебного персонала, санитарно-технического состояния всех поездов и вагонов в международном сообщении, курсирующих ____,
в соответствии с действующей памяткой ОСЖД О-110 «Правила контроля пассажирских поездов и вагонов в международном сообщении между странами-членами ОСЖД».

----

1. Бланки изготавливаются из плотной бумаги белого цвета размером 110×90 мм.

2. Бланки печатаются на 2-х языках:

национальном и одном из языков-китайском, немецком, русском.

3. Срок действия удостоверения устанавливается перевозчиком самостоятельно.

4. Фамилия, имя указываются согласно документу, удостоверяющему личность.

Приложение 2 к Правилам контроля пассажирских поездов и вагонов в международном сообщении между странами-членами ОСЖД

Лицевая сторона удостоверения

ОБРАЗЕЦ

МС О Р Г А Н И З А Ц И Я

сотрудничества железных дорог

У Д О С Т О В Е Р Е Н И Е №

на право контроля пассажирских поездов и вагонов
в международном сообщении

Выдано представителю
перевозчика____________

Действует в течение________г. Продлено до________г.

Подпись Печать

оборотная сторона удостоверения

Владелец этого удостоверения имеет право производить контроль работы служебного персонала, санитарно-технического состояния всех поездов и вагонов в международном сообщении, курсирующих ______________________________

____________, в соответствии с действующей памяткой ОСЖД О-110 «Правила контроля пассажирских поездов и вагонов в международном сообщении между странами-членами ОСЖД».

Действительно по предъявлении служебного удостоверения

----

1. Бланки изготовляются из плотной бумаги белого цвета размером 110×90 мм.

2. Бланки печатаются на 2-х языках:

национальном и одном из языков-китайском, немецком, русском.

3. Срок годности удостоверения устанавливается каждым перевозчиком самостоятельно.

Приложение 3 к Правилам контроля
пассажирских поездов и вагонов
в международном сообщении
между странами-членами ОСЖД

АКТ* А 00001

Составлен«________»____________года группой контролирующих лиц

____

(перевозчик)

в составе____

____

(фамилия, имя, должность, № удостоверения ОСЖД)

в присутствии:____

____

(фамилия, имя, должность)

о том, что при ревизии п. №________ сообщением____________

формирования____________в вагоне №________,

на участке____

обнаружено:____

____

____

____

____

____

____

Контролирующие лица

____

(подписи, фамилии разборчиво) Начальник поезда________

(подпись,

фамилия разборчиво)

__________________ Проводник вагона________

____________ (подпись,

фамилия разборчиво)

____

Второй экземпляр акта получил____________________________

(подпись, фамилия разборчиво)

Примечание: бланк акта печатается типографским способом на двух языках-на языке государства, контролирующие лица которого составили акт, и на одном из языков-китайском, немецком, русском.

ОРГАНИЗАЦИЯ СОТРУДНИЧЕСТВА ЖЕЛЕЗНЫХ ДОРОГ
(ОСЖД)

X издание

Согласовано Комиссией по транспортному праву на совещании в Варшаве 22-24 ноября 2016 г.

Утверждено Совещанием Министров ОСЖД в соответствии с процедурой, предусмотренной п. 2 ст. IV Регламента Комитета ОСЖД

Дата вступления в силу: 1 мая 2017 г.

Примечание: теряет силу IX издание от 1 мая 2016 года

О
111

П Р А В И Л А

выдачи и пользования служебными и разовыми бесплатными билетами ОСЖД

I. СЛУЖЕБНЫЕ БИЛЕТЫ ОСЖД

А. ОБЩИЕ ПОЛОЖЕНИЯ

1. Для служебных поездок выдаются билеты согласно образцу, приведенному в приложении 1.

2. Служебные билеты могут выдаваться железными дорогами стран-членов ОСЖД всем лицам, следующим по служебным железнодорожным надобностям в пределах железных дорог стран-членов ОСЖД.

3. Выдача и использование служебных билетов для личных поездок не допускаются.

4. Служебные билеты печатаются на китайском, русском и немецком языках и распределяются Комитетом ОСЖД по установленной норме, указанной в приложении 2.

5. Комитет ОСЖД ведет ведомость распределения служебных билетов.

6. Служебные билеты в течение срока действия не подлежат замене Комитетом ОСЖД.

7. Порядок выдачи, регистрации и использования служебных билетов устанавливают железнодорожные администрации стран-членов ОСЖД, для сотрудников Комитета ОСЖД устанавливается распоряжением Комитета ОСЖД.

8. Вновь принятым членам ОСЖД выдаются 3 служебных билета ОСЖД до уплаты членских взносов и после уплаты членских взносов билеты выдаются в соответствии с нормой служебных билетов ОСЖД.

9. В случае неуплаты полного двухлетнего членского взноса до конца второго календарного года, Совещание Министров принимает решение о лишении члена ОСЖД-должника права пользования служебными билетами ОСЖД.

10. Срок действия служебных билетов устанавливается на 5 лет, а

в случае необходимости может быть изменен. По истечении срока действия служебные билеты возвращаются в Комитет ОСЖД.

11. Поездка по служебному билету должна быть завершена в последний день срока действия билета. По истечении срока действия служебного билета последний считается недействительным.

12. В случае утери служебного билета соответствующая железная дорога страны-члена ОСЖД должна немедленно сообщить об этом Комитету ОСЖД и всем членам ОСЖД.

13. При заполнении служебных билетов фамилия и имя пользователя указывается согласно документу, удостоверяющему личность.

14. При заполнении служебных билетов фамилия пользователя указывается согласно документу, удостоверяющему личность.

Б. ПРАВИЛА ПОЛЬЗОВАНИЯ СЛУЖЕБНЫМ БИЛЕТОМ

1. Настоящий билет действителен для проезда по железным дорогам следующих государств:

Азербайджанской Республики (AZ), Республики Беларусь (BC), Республики Болгария (BDZ), Венгрии (MAV), Социалистической Республики Вьетнам (VZD), Грузии (GR), Исламской Республики Иран (RAI), Республики Казахстан (KZH), Китайской Народной Республики (KZD), Корейской Народно-Демократической Республики (ZC), Кыргызской Республики (KRG), Латвийской Республики (LDZ), Литовской Республики (LG), Республики Молдова (CFM), Монголии (MTZ), Республики Польша (PKP), Российской Федерации (RZD), Румынии (CFR), Словацкой Республики (ZSSK), Республики Таджикистан (TDZ), Туркменистана (TRK), Республики Узбекистан (UTI), Украины (UZ), Чешской Республики (CD), Эстонской Республики (EVR).

2. Пользователь служебного билета в пределах железных дорог стран-членов ОСЖД имеет право:

-на бесплатный проезд во всех поездах и вагонах любого класса (кроме мест бизнес-класса в вагонах 1 класса);

-на бесплатное получение плацкарты на место любой категории (кроме мест бизнес-класса в вагонах 1 класса) в вагонах железных дорог стран-членов ОСЖД, в которых предусмотрено обязательное резервирование мест;

-на бесплатный провоз до 36 кг ручной клади;

-на бесплатное получение комплекта постельного белья (кроме мест бизнес-класса в вагонах 1 класса).

3. Перед началом поездки в соответствующие графы служебного билета должны быть внесены фамилия и имя пользователя, срок исполь зования билета и подпись пользователя. В случае отсутствия записи перевозчик вправе отказать в перевозке.

4. Служебный билет действителен только при предъявлении документа, удостоверяющего личность.

5. Если при проезде по служебному билету в вагонах поездов, в которых предусмотрено обязательное резервирование мест, станция отправления, назначения или маршрут следования находятся в сфере действия различных тарифных соглашений, к билету оформляются отдельные плацкарты на беспересадочные участки следования, приведенные в применяемых тарифах.

6. Комиссионные и дополнительные сборы не взыскиваются.

7. При проезде на местах с предоставлением дополнительных услуг с пассажира может взиматься сервисный сбор.

8. В зависимости от внутренних правил, действующих на железных дорогах стран-членов ОСЖД, перед началом поездки в вагонах, в которых предусмотрено обязательное резервирование мест, служебный билет должен быть предъявлен в билетную кассу, пункт продажи или проводнику вагона для получения бесплатной плацкарты.

При наличии свободных мест пользователь служебного билета пользуется преимущественным правом получения места.

9. Если станция отправления и/или назначения находятся на

территории железных дорог стран, не являющихся членами ОСЖД, или маршрут следования проходит транзитом по железным дорогам стран, не являющихся членами ОСЖД, с пользователя служебного билета взимается:

-стоимость билета за проезд по железной дороге страны, не являющейся членом ОСЖД;

-стоимость плацкарты.

Ⅱ. РАЗОВЫЕ БЕСПЛАТНЫЕ БИЛЕТЫ ОСЖД ДЛЯ ЛИЧНЫХ ПОЕЗДОК ЖЕЛЕЗНОДОРОЖНИКОВ И ЧЛЕНОВ ИХ СЕМЕЙ

А. ОБЩИЕ ПОЛОЖЕНИЯ

1. Для личных поездок железнодорожники и члены их семей могут получить разовый бесплатный билет на проезд по всем железным дорогам стран-членов ОСЖД от станции железной дороги страны-члена ОСЖД, выдавшей разовый бесплатный билет, и по маршрутам, применяемым в международных тарифах. Допускается выдача разового бесплатного билета по маршруту, проходящему транзитом по железным дорогам стран, не являющихся членами ОСЖД. Образец билета и дополнительного бланка приведены в приложении 3.

2. Разовые бесплатные билеты печатаются на китайском, русском и немецком языках и ежегодно распределяются по установленной норме, указанной в приложении 4. Бланк разового бесплатного билета годен в течение 2-х календарных лет. Для этого на бланке и корешке типографским способом должен быть проставлен срок действия бланка. Поездка по разовому бесплатному билету должна быть завершена в последний день срока действия бланка. По истечении срока действия бланка разового бесплатного билета последний считается недействительным.

3. Комитет ОСЖД ведет ведомость распределения разовых бесплатных билетов для личных поездок.

4. Условия выдачи разового бесплатного билета определяются по внутренним правилам железной дороги страны-члена ОСЖД, выдающей билет.

Заполнение бланков разовых бесплатных билетов осуществляется в порядке, аналогичном порядку, установленному в СМПС и СИ к СМПС для оформления проездных документов.

5. Срок действия разового бесплатного билета определяется согласно СМПС.

6. Вновь принятым членам ОСЖД разовые бесплатные билеты ОСЖД выдаются в соответствии с нормами после уплаты членских взносов.

7. В случае неуплаты полного двухлетнего членского взноса до конца второго календарного года, Совещание Министров принимает решение о лишении члена ОСЖД-должника права пользования разовыми бесплатными билетами ОСЖД.

8. При заполнении разового бесплатного билета фамилия и имя пользователя указывается согласно документу, удостоверяющему личность.

9. Все графы разового бесплатного билета ОСЖД должны быть заполнены до начала поездки. Перевозчик вправе отказать в перевозке в случае, если в разовом бесплатном билете ОСЖД имеются незаполненные графы.

Б. ПРАВИЛА ПОЛЬЗОВАНИЯ РАЗОВЫМИ БЕСПЛАТНЫМИ БИЛЕТАМИ ДЛЯ ЛИЧНЫХ ПОЕЗДОК

1. Настоящий билет действителен для проезда по железным дорогам следующих государств:

Азербайджанской Республики (AZ), Республики Беларусь (BC), Республики Болгария (BDZ), Венгрии (MAV), Социалистической Республики Вьетнам (VZD), Грузии (GR), Исламской Республики Иран (RAI), Республики Казахстан (KZH), Китайской Народной

Республики (KZD), Корейской Народно-Демократической Республики (ZC), Кыргызской Республики (KRG), Латвийской Республики (LDZ), Литовской Республики (LG), Республики Молдова (CFM), Монголии (MTZ), Республики Польша (PKP), Российской Федерации (RZD), Румынии (CFR), Словацкой Республики (ZSSK), Республики Таджикистан (TDZ), Туркменистана (TRK), Республики Узбекистан (UTI), Украины (UZ), Чешской Республики (CD), Эстонской Республики (EVR).

2. Билет дает право:

– на бесплатный проезд во всех поездах, в вагонах класса, указанного в билете (кроме мест бизнес – класса в вагонах 1 класса) в пределах железных дорог стран – членов ОСЖД;

– на бесплатный провоз до 36 кг ручной клади на каждого пассажира.

3. Для проезда в вагоне, в котором предусмотрено обязательное резервирование мест, необходимо приобрести плацкарту.

4. Если при проезде по разовому бесплатному билету в вагонах поездов, в которых предусмотрено обязательное резервирование мест, станция отправления, назначения или маршрут следования находятся в сфере действия различных тарифных соглашений, к билету оформляются отдельные плацкарты на беспересадочные участки следования, приведенные в применяемых тарифах.

5. Владелец разового бесплатного билета ОСЖД может начать поездку на любой станции по маршруту, указанному на билете.

6. При оформлении поездки по маршруту, проходящему транзитом по территории железных дорог стран, не являющихся членами ОСЖД, с владельца бесплатного билета взимается:

– тоимость билета за проезд по железной дороге страны, не являющейся членом ОСЖД;

– стоимость плацкарты.

7. Оформление поездки в вагон высшего класса, чем указано в билете, допускается при оплате разницы в стоимости проезда в

соответствии с применяемыми тарифами.

8. Билет действителен при условии предъявления документов, удостоверяющих личность проезжающих по нему пассажиров.

9. По одному билету допускается проезд группы железнодорожников и членов их семей численностью не более 36 человек, а в прямом и транзитном сообщении с КЖД- не более 5 человек.

10. При заполнении разовых бесплатных билетов ОСЖД, выданных для поездок совместно следующих железнодорожников и/или членов их семей численностью не более 5 человек, указываются имена, фамилии и номера паспортов всех участников поездки.

При заполнении разового бесплатного билета ОСЖД, выданного для проезда группы железнодорожников численностью не более 36 человек, указывается имя, фамилия и номер паспорта руководителя группы. К указанному билету прилагается дополнительный бланк со списком всех участников группы с указанием имен, фамилий и номеров паспортов.

В случае отсутствия руководителя группы допускается проезд лиц, указанных в разовом бесплатном билете ОСЖД или в приложенном к билету дополнительном бланке разового бесплатного билета ОСЖД.

Ⅲ. ПРЕДСТАВЛЕННАЯ СТРАНАМИ-ЧЛЕНАМИ ОСЖДИ ЖЕЛЕЗНОДОРОЖНЫМИ ПРЕДПРИЯТИЯМИ ИНФОРМАЦИЯО ДЕЙСТВИТЕЛЬНОСТИ СЛУЖЕБНЫХ И РАЗОВЫХБЕСПЛАТНЫХ БИЛЕТОВ ОСЖД

(Памятка О 111 «Правила выдачи и пользования служебными и разовыми бесплатными билетами ОСЖД»)

Республика Беларусь:

Оформление проездных документов и проезд по служебным

билетам ОСЖД осуществляется в соответствии с Памяткой ОСЖД О 111 «Правила выдачи и пользования служебными и разовыми бесплатными билетами ОСЖД».

Республика Болгария:

Пассажирская служба Холдинга «Болгарские железные дороги» (Холдинг БДЖ) информирует о том, что бесплатные билеты ОСЖД при путешествии железнодорожных сотрудников и членов их семей не принимаются на международных сезонных поездах 1471/1470 Будапешт-Бургас и 1481/1480 Будапешт-Варна по территории Болгарии (Руссе-Варна и Руссе-Бургас).

Венгрия:

Бесплатный служебный билет ОСЖД действителен для проезда в пассажирских поездах, указанных в расписании поездов MAV–START и GYSEV.

Получение бесплатной плацкарты в спальные вагоны и вагоны для лежания венгерских железных дорог по служебному билету ОСЖД возможно только в сообщении между станциями, находящимися в пределах территории членов стран ОСЖД. Если станция назначения находится за пределами территории стран членов ОСЖД, плацкарта бесплатно может выдаваться только до последней по пути следования станции, находящегося в пределах территории стран членов ОСЖД. (Пример: в сообщении Будапешт-Берлин до Дечина.) Если пассажир, следующий по бесплатному служебному билету, желает приобрести плацкарту на весь путь, т. е. до станции назначения, находящегося за пределами территории страны членов ОСЖД, это возможно только за полную стоимость. Разумеется, плацкарта при этом выдаётся только при наличии у пассажира билета для проезда по всему пути, т. е. также и по оставшемуся до станции назначения участку, находящемуся за пределами территории стран членов ОСЖД (билет ОСЖД + FIP или др.).

Учитывая, что доход от продажи плацкарт в спальные вагоны и вагоны для лежания причитается железной дороге-собственнице вагона, право решить вопрос о действительности служебного билета ОСЖД для получения бесплатной плацкарты в эти вагоны до станции назначения, находящегося за пределами территории стран членов ОСЖД, предлагаем предоставить в сферах своих компетенций железным дорогам-собственницам вагона в каждом отдельно взятом случае.

В спальных вагонах венгерских железных дорог у пассажира, следующего по бесплатному служебному билету (ОСЖД или FIP), в обязательном порядке взыскивается плата за обслуживание. В поездах с обязательным бронированием сидячих мест пассажир, следующий по служебному бесплатному билету, имеет право на получение бесплатной плацкарты. Без плацкарты он может садиться только на свободные места, но при этом штраф у него не взыскивается.

Бесплатный служебный билет ОСЖД не действителен для проезда:

-по узкоколейным железным дорогам, ширина колеи которых менее 1435 мм;

-в пригородных электропоездах «BKV-HÉV» (эксплуатируемых предприятием общественного транспорта г. Будапешта);

-в трамваях, автобусах, метро и на теплоходах.

Разовый бесплатный билет ОСЖД действителен для проезда в пассажирских поездах, указанных в расписании поездов MAV-START и GYSEV.

Для проезда в поездах и вагонах с обязательным бронированием сидячих мест, а также в спальных вагонах и вагонах с местами для лежания к разовому бесплатному билету ОСЖД необходимо приобрести плацкарту за полную стоимость. При этом, если станция назначения находится за пределами территории стран членов ОСЖД, плацкарта выдаётся только при наличии у пассажира также и билета для проезда по всему пути, т. е. также и по оставшемуся до станции назначения участку, находящемуся за пределами территории членов стран ОСЖД (ОСЖД + FIP или др.).

При отсутствии у пассажира плацкарты в поездах с обязательным бронированием сидячих мест, сверх стоимости плацкарты, взыскивается штраф.

Разовый бесплатный билет ОСЖД не действителен для проезда:

-по узкоколейным железным дорогам, ширина колеи которых менее 1435 мм;

-в пригородных электропоездах «BKV-HÉV» (эксплуатируемых предприятием общественного транспорта г. Будапешта);

-в трамваях, автобусах, метро и на теплоходах.

Разовый билет выписывается для венгерского участка только по непрерывному маршруту в сообщении между станциями, находящимися в тарифном руководстве Восток-Запад (EWT) или в памятке МСЖД 108-1.

Республика Казахстан:

Отсутствуют ограничения по оформлению проездных документов и проезда по **служебным и разовым бесплатным билетам ОСЖД.**

Оформление проездных документов производится в соответствии с Памяткой ОСЖД О 111 «Правила выдачи и пользования служебными и разовыми бесплатными билетами ОСЖД».

Латвийская Республика:

Отсутствуют ограничения по оформлению проездных документов и проезда по **служебным и разовым бесплатным билетам ОСЖД.**

Оформление проездных документов производится в соответствии с Памяткой ОСЖД О 111 «Правила выдачи и пользования служебными и разовыми бесплатными билетами ОСЖД».

Литовская Республика:

Отсутствуют ограничения по оформлению проездных документов и проезда по **служебным и разовым бесплатным билетам ОСЖД.**

Оформление проездных документов производится в соответствии с Памяткой ОСЖД О 111 «Правила выдачи и пользования служебными и разовыми бесплатными билетами ОСЖД».

Республика Молдова:

Отсутствуют ограничения по оформлению проездных документов и проезда по **служебным и разовым бесплатным билетам ОСЖД.**

Оформление проездных документов производится в соответствии с Памяткой ОСЖД О 111 «Правила выдачи и пользования служебными и разовыми бесплатными билетами ОСЖД».

Монголия:

Отсутствуют ограничения оформления проездных документов и проезда по служебным и разовым бесплатным билетам ОСЖД.

Оформление проездных документов производится в соответствии с Памяткой ОСЖД О 111 «Правила выдачи и пользования служебными и разовыми бесплатными билетами ОСЖД».

РеспубликаПольша:

АО «ПКП Интерсити» сообщает, что на сети ПКП служебные и разовые бесплатные билеты ОСЖД принимаются в поездах обществ «ПКП Интерсити», «Przewozy Regionalne» (Региональные перевозки) и «Koleje Mazowieckie» (Колее Мазовецке). Остальные перевозчики, действующие на сети ПКП, данные билеты не принимают.

РоссийскаяФедерация:

В Российской Федерации служебные и разовые бесплатные билеты

ОСЖД можно использовать без ограничения:

-во всех поездах дальнего следования, курсирующих во внутригосударственном сообщении, перевозчиков ОАО «РЖД» и АО «ФПК»;

-в поезде № 9/10 «Полонез» сообщением Москва-Варшава и беспересадочном вагоне сообщением Москва-Краков;

-в поезде № 20 Москва-Пекин;

-в поезде № 2 Москва-Туманган;

-в поезде № 6/5 Москва-Улан-Батор и беспересадочном вагоне Москва-Эрденет.

Служебные и разовые бесплатные билеты ОСЖД нельзя использовать:

-в поездах дальнего следования, курсирующих во внутригосударственном сообщении, частных перевозчиков, (ООО «Тверской экспресс», ЗАО Транспортная компания «Гранд Сервис Экспресс» в направлении Москва-Санкт-Петербург; ЗАО «Транс Класс Сервис» в направлении Москва-Ижевск, Москва-Ульяновск, Москва-Кисловодск и др.);

-в поезде № 17/18 Москва-Ницца;

-в поезде № 23/24 Москва-Париж;

-в поезде № 21/22 Москва-Прага и в беспересадочных вагонах Москва-Вена, Санкт-Петербург-Прага, Санкт-Петербург-Вена;

-во всей поездах пригородного сообщения.

Словацкая Республика:

1. Служебные и разовые бесплатные билеты ОСЖД можно использовать без ограничения во всех поездах перевозчика Железнодорожная компания Словакия (ЗССК-ZSSK). Кроме высокоскоростного поезда Пендолино (SC Pendolino) на линии Жилина-Попрад Татры-Кошице все остальные поезда ЗССК только с факультативными плацкартами (можно использовать без плацкарт).

Для высокоскоростных поездов Пендолино пассажиры с разовым бесплатным билетом ОСЖД покупают плацкарту по тарифу ЗССК с ценой 5,0 евро, пассажиры со служебным билетом ОСЖД получают в кассе бесплатную плацкарту.

2. Служебные и разовые бесплатные билеты ОСЖД нельзя использовать в поездах дальнего следования частных перевозчиков REGIOJET (на линиях Кошице-Прага и Кошице-Братислава), LEO EXPRES (на линии Кошице-Прага) и ARRIVA (на линии Тренчин-Прага).

3. Служебные и разовые бесплатные билеты ОСЖД нельзя использовать в региональных поездах частных перевозчиков REGIOJET (на линии Комарно-Дунайска Стреда-Братислава).

Украина:

Отсутствуют ограничения оформления проездных документов и проезда по **служебным и разовым бесплатным билетам ОСЖД.**

Оформление проездных документов производится в соответствии с Памяткой ОСЖД О 111 «Правила выдачи и пользования служебными и разовыми бесплатными билетами ОСЖД».

Чешская Республика:

1. Служебные и разовые бесплатные билеты ОСЖД можно использовать без ограничения во всех поездах дальнего и пригородного сообщения национального перевозчика АО «Чешские железные дороги» (ЧД-ČD). В высокоскоростных поездах Суперсити Пендолино (SuperCity Pendolino) и поездах Интерсити (InterCity-IC) с обязательной плацкартой (в расписании поездов со знаком Г) можно использовать только с плацкартой, которую надо приобрести в билетных кассах или у кондуктора данного поезда. Для пассажиров с Разовым бесплатным билетом ОСЖД стоимость плацкарты по внутреннему тарифу, для пассажиров со Служебным бесплатным билетом ОСЖД плацкарты бесплатные (но без права на дополнительный сервис в этих поездах).

2. Служебные и разовые бесплатные билеты ОСЖД нельзя использовать в поездах всех остальных перевозчиков на железных дорогах Чешской республики, например, LEO EXPRES, REGIOJET,

GWT TRAIN REGIO, JHMD, ARRIVA, LANDERSBAHN (Trilex), KŽC DOPRAVA и другие.

По поводу пользования служебными и разовыми бесплатными билетами ОСЖД в поезде EuroNight «Влтава» Москва-Прага в 2017 году еще не было принято решение, если поезд будет курсировать в системе коммерческого поезда АО «ФПК» (по глобальным ценам) или в системе тарифа ЭВТ (SCIC-EWT) по тарифу Восток-Запад.

Эстонская Республика:

Отсутствуют ограничения оформления проездных документов и проезда по **служебным и разовым бесплатным билетам ОСЖД.**

Оформление проездных документов производится в соответствии с Памяткой ОСЖД О 111 «Правила выдачи и пользования служебными и разовыми бесплатными билетами ОСЖД».

Приложение 1

ОБРАЗЕЦ СЛУЖЕБНОГО БИЛЕТА

лицевая сторона

ОСЖД **OSShD**

铁组

СЛУЖЕБНЫЙ БИЛЕТ

DIENSTFAHRKARTE

公 用 乘 车 证

Размер：110×90mm

Обложка билета красного цвета с золотыми тиснениями знака ОСЖД и названия билета

вторая и третья страницы

МЕЖДУНАРОДНОЕ ПАССАЖИРСКОЕ СООБЩЕНИЕ
INTERNATIONALER PERSONENVERKEHR
国 际 旅 客 联 运

Служебный билет №
Dienstfahrkarte Nr. 000000
公用乘车证 №

Для бесплатного проезда по железным дорогам стран членов ОСЖД
Zur unentgeltlichen Fahrt auf den Eisenbahnen der Länder der OSShD-Mitglieder
在铁组成员国铁路上免费乘车用

Действителен до 31 декабря 20__г.
Gültig bis 31. Dezember 20__
有效期至 20__年 12 月 31 日

Выдан представителю железных дорог ....

Ausgegeben dem Vertreter der Eisenbahnen..

发 给 ....铁路代表

Варшава, 1 января 20__г.
Warschau, 1. Januar 20__
华沙，20__年 1 月 1 日

Председатель Комитета ОСЖД
Vorsitzender des Komitees der OSShD
铁组委员会主席

Продолжение приложения 1

32 страницы для записи

Фамилия и имя пользователя Name und Vorname des Benutzers 使用者姓名	Срок использования билета Termin der Fahrkartenbe-nutzung 乘车证使用期限	Подпись пользователя Unterschrift des Benutzers 使用者签名
1	2	3

Правила

1. Настоящий билет действителен для проезда по железным дорогам следующих государств:

Азербайджанской Республики (AZ), Республики Беларусь (BC), Республики Болгария (BDZ), Венгрии (MAV), Социалистической Республики Вьетнам (VZD), Грузии (GR), Исламской Республики Иран (RAI), Республики Казахстан (KZH), Китайской Народной Республики (KZD), Корейской Народно-Демократической Республики (ZC), Кыргызской Республики (KRG), Латвийской Республики (LDZ), Литовской Республики (LG), Республики Молдова (CFM), Монголии (MTZ), Республики Польша (PKP), Российской Федерации (RZD), Румынии (CFR), Словацкой Республики (ZSSK), Республики Таджикистан (TDZ), Туркменистана (TRK), Республики Узбекистан (UTI), Украины (UZ), Чешской Республики (CD), Эстонской Республики (EVR).

2. Пользователь служебного билета в пределах железных дорог стран-членов ОСЖДимеет право:

– на бесплатный проезд во всех поездах и вагонах любого класса (кроме мест бизнес-класса в вагонах 1 класса);

– на бесплатное получение плацкарты на место любой категории (кроме мест бизнес-класса в вагонах 1 класса) в вагонах железных дорог стран-членов ОСЖД, в которых предусмотрено обязательное резервирование мест;

– на бесплатный провоз до 36 кг ручной клади;

– на бесплатное получение комплекта постельного белья (кроме мест бизнес-класса в вагонах 1 класса).

3. Перед началом поездки в соответствующие графы служебного билета должны быть внесены фамилия и имя пользователя, срок использ ования билета и подпись пользователя. В случае отсутствия записи перевозчик вправе отказать в перевозке.

4. Служебный билет действителен только при предъявлении документа, удостоверяющего личность.

5. Если при проезде по служебному билету в вагонах поездов, в которых предусмотрено обязательное резервирование мест, станция отправления, назначения или маршрут следования находятся в сфере действия различных тарифных соглашений, к билету оформляются отдельные плацкарты на беспересадочные участки следования, приведенные в применяемых тарифах.

6. Комиссионные и дополнительные сборы не взыскиваются.

7. При проезде на местах с предоставлением дополнительных услуг с пассажира может взиматься сервисный сбор.

8. В зависимости от внутренних правил, действующих на железных дорогах стран – членов ОСЖД, перед началом поездки в вагонах, в которых предусмотрено обязательное резервирование мест, служебный билет должен быть предъявлен в билетную кассу, пункт продажи или проводнику вагона для получения бесплатной плацкарты.

При наличии свободных мест пользователь служебного билета пользуется преимущественным правом получения места.

9. Если станция отправления и/или назначения находятся на территории железных дорог стран, не являющихся членами ОСЖД, или маршрут следования проходит транзитом по железным дорогам стран, не являющихся членами ОСЖД, с пользователя служебного билета взимается:

– стоимость билета за проезд по железной дороге страны, не являющейся членом ОСЖД;

– стоимость плацкарты.

VORSCHRIFTEN

1. Diese Fahrkarte gilt für die Fahrt in Wagen auf den Strecken der Eisenbahnen folgender Staaten:

Aserbaidschanische Republik (AZ), Republik Weißrussland (BC), Republik Bulgarien (BDZ), Ungarn (MAV), Sozialistische Republik Vietnam (VDZ), Georgien (GR), Islamische Republik Iran (RAI), Republik Kasachstan (KZH), Volksrepublik China (KZD), Koreanische Demokratische Volksrepublik (ZC), Kirgisische Republik (KRG), Lettische Republik (LDZ), Litauische Republik (LG), Republik Moldau (CFM), Mongolei (MTZ), Republik Polen (PKP), Russische Föderation (RZD), Rumänien (CFR), Slowakische Republik (ZSSK), Republik Tadschikistan (TDZ), Turkmenistan (TRK), Republik Usbekistan (UTI), Ukraine (UZ), Tschechische Republik (CD), Estnische Republik (EVR).

2. Der Benutzer der Dienstfahrkarte ist auf allen Bahnstrecken der OSShD-Mitgliedsländer berechtigt:

– zur freien Fahrt in allen Zügen und Wagen aller Wagenklassen (ausgenommen sind Business-Class-Plätze der 1. Wagenklasse);

– zum unentgeltlichen Empfang einer reservierungspflichtigen Bett-, Liege- oder Platzkarte in allen Wagenklassen von den Eisenbahnen der OSShD-Mitgliedsländer (ausgenommen sind Business-Class-Plätze der 1. Wagenklasse);

– zur unentgeltlichen Beförderung bis zu 36 kg Handgepäck;

– zum unentgeltlichen Empfang eines Bettwäschesatzes (ausgenommen sind Business-Class-Plätze der 1. Wagenklasse).

3. Vor Reiseantritt sind der Vor- und Familienname, die Unterschrift des Benutzers und der Termin der Dienstfahrkartebenutzung in die entsprechenden Spalten der Dienstfahrkarte einzutragen. Sollen die Eintragungen fehlen, so hat der Beförderer das Recht den Reisenden von der Fahrt auszuschließen.

4. Die Dienstfahrkarte gilt nur in Verbindung mit einem amtlichen Ausweis.

5. Befinden sich der Abgangs- oder Bestimmungsbahnhof oder die Reisestrecke der Fahrt auf der Grundlage der Dienstfahrkarte in den reservierungspflichtigen Wagen in Geltungsbereichen von unterschiedlichen Tarifabkommen, so sind dazu getrennte Bett-, Liege- oder Platzkarten für die in den angewandten Tarifen aufgeführten direkten Verbindungen auszustellen.

6. Provision- und Nebengebühren dürfen nicht erhoben werden.

7. Bei der Fahrt auf den Plätzen mit zusätzlichen Dienstleistungen, können von dem Reisenden Service-Gebühren erhoben werden.

8. Je nach den geltenden internen Bahnvorschriften der OSShD-Mitgliedsländer ist die Dienstfahrkarte vor Antritt der Reise in den reservierungspflichtigen Wagen, am Fahrkartenschalter, in Verkaufsstellen oder dem Wagenschaffner für den Empfang der unentgeltlichen Bett-, Liege- oder Platzkarte vorzulegen.

Bei freien Plätzen hat der Benutzer der Dienstfahrkarte Vorzugsrecht auf einen freien Platz.

9. Befinden sich der Abgangs- und/oder Zielbahnhof auf den Bahnstrecken der OSShD-Nichtmitgliedsländer oder führt der Reiseweg im Transitverkehr auf den Strecken der Eisenbahnen der OSShD-Nichtmitgliedsländer, so sind von dem Benutzer der Dienstfahrkarte:

– der Beförderungspreis für die Fahrt auf den Strecken der Eisenbahnen des OSShD-Nichtmitgliedslandes

– der Bett-, Liege- oder Platzkartenpreis zu erheben.

使 用 规 则

1. 铁组公用乘车证在下列国家铁路乘车有效：

阿塞拜疆共和国[阿(塞)铁]、白俄罗斯共和国(白铁)、保加利亚共和国(保铁)、匈牙利(匈铁)、越南社会主义共和国(越铁)、格鲁吉亚(格铁)、伊朗伊斯兰共和国(伊铁)、哈萨克斯坦共和国(哈铁)、中华人民共和国(中铁)、朝鲜民主主义人民共和国(朝铁)、吉尔吉斯共和国(吉铁)、拉脱维亚共和国(拉铁)、立陶宛共和国(立铁)、蒙古国(蒙铁)、摩尔多瓦共和国(摩铁)、波兰共和国(波铁)、俄罗斯联邦(俄铁)、罗马尼亚(罗铁)、斯洛伐克共和国(斯铁)、塔吉克斯坦共和国(塔铁)、土库曼斯坦(土铁)、乌兹别克斯坦共和国[乌(兹)铁]、乌克兰[乌(克)铁]、捷克共和国(捷铁)、爱沙尼亚共和国(爱铁)。

2. 铁组公用乘车证使用者在铁组成员国铁路范围内有权：

——免费乘坐任何种类的所有列车和车厢(一等车厢商务席位除外)。

——免费获得铁组成员国铁路规定必须预留席位的车厢内任何种类的卧铺票(一等车厢商务席位除外)。

——免费运送36公斤以内的携带品。

——免费使用全套卧具(一等车厢商务席位除外)。

3. 应于开始乘车前在铁组公用乘车证相应栏内记入使用者姓名、乘车证使用期限和使用者签名。如无签名，承运人有权拒绝承运。

4. 铁组公用乘车证仅限于提出身份证明文件时才有效。

5. 如凭铁组公用乘车证在规定必须预留席位的列车车厢中乘车时，发到站或运行经路位于不同的运价协定适用范围内，则对铁组公用乘车证按适用的运价分别办理直达区段的席位票。

6. 手续费和杂费不予核收。

7. 乘坐提供附加服务的座席时，可向旅客核收服务费。

8. 根据铁组成员国各路现行国内规定，在乘车前应向售票处、发售地点或车厢列车员提出铁组公用乘车证以便领取免费席位票。

有空闲席位时，铁组公用乘车证持有者有获取席位的优先权利。

9. 如果发站和(或)到站位于非铁组成员国铁路境内，或者运行经路经由非铁组成员国铁路过境运输，铁组公用乘车证使用者须支付：

——在非铁组成员国铁路乘车的票价。

——卧铺票票价。

Приложение 2

НОРМЫ
СЛУЖЕБНЫХ БИЛЕТОВ ОСЖД, УСТАНОВЛЕННЫЕ ДЛЯ ЧЛЕНОВ ОСЖД И КОМИТЕТА ОСЖД

Члены ОСЖД от:	Количество билетов
1. Азербайджанской Республики	17
2. Республики Беларусь	33
3. Республики Болгария	34
4. Венгрии	35
5. Социалистической Республики Вьетнам	22
6. Грузии	17
7. Исламской Республики Иран	33
8. Республики Казахстан	40
9. Китайской Народной Республики	70
10. Корейской Народно-Демокра-тической Республики	30
11. Кыргызской Республики	17
12. Латвийской Республики	17
13. Литовской Республики	17
14. Республики Молдова	17
15. Монголии	20
16. Республики Польша	47
17. Российской Федерации	80
18. Румынии	43
19. Словацкой Республики	23
20. Республики Таджикистан	17
21. Туркменистана	17
22. Республики Узбекистан	23
23. Украины	45
24. Чешской Республики	33
25. Эстонской Республики	17
26. Комитет ОСЖД	40
27. Запас	41
Итого:	**845**

Приложение 3

ОБРАЗЕЦ РАЗОВОГО БЕСПЛАТНОГО БИЛЕТА ДЛЯ ЛИЧНЫХ ПОЕЗДОК

лицевая сторона билета

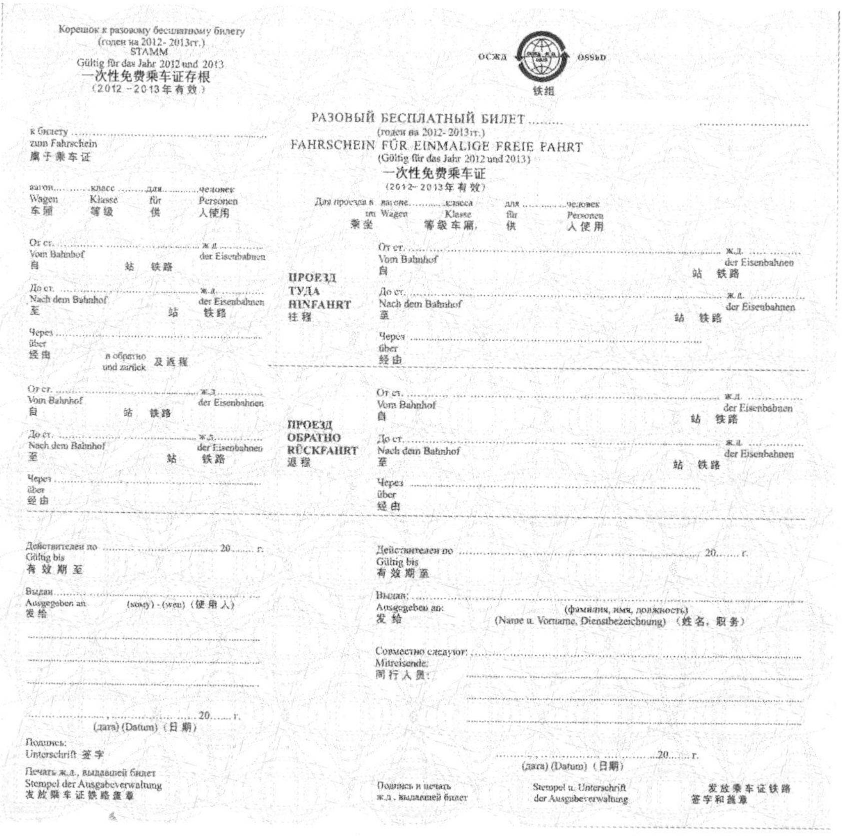

Корешок к разовому бесплатному билету
(годен на 2012- 2013гг.)
STAMM
Gültig für das Jahr 2012 und 2013
一次性免费乘车证存根
（2012 －2013年有效）

к билету ....
zum Fahrschein
属于乘车证

вагон..........класс ....для..........человек
Wagen Klasse für Personen
车厢 等级 供 人使用

От ст. .... ж.д. ....
Vom Bahnhof der Eisenbahnen
自 站 铁路

До ст. .... ж.д. ....
Nach dem Bahnhof der Eisenbahnen
至 站 铁路

Через ....
über
经由

в обратно und zurück 及返程

От ст. .... ж.д. ....
Vom Bahnhof der Eisenbahnen
自 站 铁路

До ст. .... ж.д. ....
Nach dem Bahnhof der Eisenbahnen
至 站 铁路

Через ....
über
经由

Действителен по .... 20....... г.
Gültig bis
有效期至

Выдан ....
Ausgegeben an (кому) - (wen)（使用人）
发给

....

....

....

.................., ... 20....... г.
(дата) (Datum)（日期）

Подпись:
Unterschrift 签字

Печать ж.д., выдавшей билет
Stempel der Ausgabeverwaltung
发放乘车证铁路盖章

ОСЖД OSShD
铁组

РАЗОВЫЙ БЕСПЛАТНЫЙ БИЛЕТ ....
(годен на 2012- 2013гг.)
FAHRSCHEIN FÜR EINMALIGE FREIE FAHRT
(Gültig für das Jahr 2012 und 2013)
一次性免费乘车证
（2012－2013年有效）

Для проезда в вагоне..........класса для ....человек
im Wagen Klasse für Personen
乘坐 等级车厢， 供 人使用

ПРОЕЗД ТУДА HINFAHRT 往程

От ст. .... ж.д. ....
Vom Bahnhof der Eisenbahnen
自 站 铁路

До ст. .... ж.д. ....
Nach dem Bahnhof der Eisenbahnen
至 站 铁路

Через ....
über
经由

ПРОЕЗД ОБРАТНО RÜCKFAHRT 返程

От ст. .... ж.д. ....
Vom Bahnhof der Eisenbahnen
自 站 铁路

До ст. .... ж.д. ....
Nach dem Bahnhof der Eisenbahnen
至 站 铁路

Через ....
über
经由

Действителен по .... 20....... г.
Gültig bis
有效期至

Выдан: ....
Ausgegeben an: (фамилия, имя, должность)
发给 (Name u. Vorname, Dienstbezeichnung)（姓名，职务）

Совместно следуют: ....
Mitreisende:
同行人员: ....

....

....

.........., ... 20....... г.
(дата) (Datum)（日期）

Подпись и печать ж.д., выдавшей билет
Stempel u. Unterschrift der Ausgabeverwaltung
发放乘车证铁路签字和盖章

Размер 210×200 mm

Бланк печатается на белой бумаге

с водяными знаками и защитной сеткой зеленого цвета

用绿色防伪底纹水印白纸印制

Das Formular wird auf weißem Papier mit Wasserzeichen

und grünen Sicherheitsmerkmalen gedruckt

Приложение 3

Оборотная сторона

ПРАВИЛА

1. Настоящий билет действителен для проезда по железным дорогам следующих государств:

Азербайджанской Республики (AZ), Республики Беларусь (BC), Республики Болгария (BDZ), Венгрии (MAV), Социалистической Республики Вьетнам (VZD), Грузии (GR), Исламской Республики Иран (RAI), Республики Казахстан (KZH), Китайской Народной Республики (KZD), Корейской Народно-Демократической Республики (ZC), Кыргызской Республики (KRG), Латвийской Республики (LDZ), Литовской Республики (LG), Республики Молдова (CFM), Монголии (MTZ), Республики Польша (PKP), Российской Федерации (RZD), Румынии (CFR), Словацкой Республики (ZSSK), Республики Таджикистан (TDZ), Туркменистана (TRK), Республики Узбекистан (UTI), Украины (UZ), Чешской Республики (CD), Эстонской Республики (EVR).

2. Билет дает право:

-на бесплатный проезд во всех поездах в вагоне класса, указанного в билете (кроме мест бизнес-класса в вагонах 1 класса) в пределах железных дорог стран-членов ОСЖД;

-на бесплатный провоз до 36 кг ручной клади на каждого пассажира.

3. Для проезда в вагоне, в котором предусмотрено обязательное резервирование мест, необходимо приобрести плацкарту.

4. Если при проезде по разовому бесплатному билету в вагонах поездов, в которых предусмотрено обязательное резервирование мест, станция отправления, назначения или маршрут следования находятся в сфере действия различных тарифных соглашений, к билету оформляются отдельные плацкарты на беспересадочные участки следования, приведенные в применяемых тарифах.

5. Владелец разового бесплатного билета ОСЖД может начать

поездку на любой станции по маршруту, указанному на билете.

6. При оформлении поездки по маршруту, проходящему транзитом по территории железных дорог стран, не являющихся членами ОСЖД, с владельца бесплатного билета взимается:

-стоимость билета за проезд по железной дороге страны, не являющейся членом ОСЖД;

-стоимость плацкарты.

7. Оформление поездки в вагон высшего класса, чем указано в билете, допускается при оплате разницы в стоимости проезда в соответствии с применяемыми тарифами.

8. Билет действителен при условии предъявления документов, удостоверяющих личность, проезжающих по нему пассажиров.

9. По одному билету допускается проезд группы железнодорожников и членов их семей численностью не более 36 человек, а в прямом и транзитом сообщении с КЖД -не более 5 человек.

10. При заполнении разовых бесплатных билетов ОСЖД, выданных для поездок совместно следующих железнодорожников и/или членов их семей численностью не более 5 человек, указываются имена, фамилии и номера паспортов всехучастников поездки.

При заполнении разового бесплатного билета ОСЖД, выданного для проезда группы железнодорожников численностью не более 36. человек, указывается имя, фамилия и номер паспорта руководителя группы. К указанному билету прилагается дополнительный бланк со списком всех участников группы с указанием имен, фамилий и номеров паспортов.

VORSCHRIFTEN

1. Diese Fahrkarte gilt für die Fahrt auf den Strecken der Eisenbahnen folgender Staaten:

Aserbaidschanische Republik (AZ), Republik Weiβrussland (BC), Republik Bulgarien (BDZ), Ungarn (MAV), Sozialistische Republik Vietnam (VZD), Georgien (GR), Islamische Republik Iran (RAI), Republik Kasachstan (KZH), Volksrepublik China (KZD), Koreanische Demokratische Volksrepublik (ZC), Kirgisische Republik (KRG), Lettische Republik (LDZ), Litauische Republik (LG), Republik Moldau (CFM), Mongolei (MTZ), Republik Polen (PKP), Russische Föderation (RZD), Rumänien (CFR), Slowakische Republik (ZSSK), Republik Tadschikistan (TDZ), Turkmenistan (TRK), Republik Usbekistan (UTI), Ukraine (UZ), Tschechische Republik (CD), Estnische Republik (EVR).

2. Dieser Fahrschein berechtigt zur:

-unentgeltlichen Fahrt in allen Zügen, in der Wagenklasse, die im Fahrschein angegeben ist (ausgenommen sind Business-Class-Plätze der 1. Wagenklasse) auf allen Bahnstrecken der OSShD-Mitgliedsländer;

-unentgeltlichen Beförderung von 36 kg Hand gepäck.

3. Bei der Fahrt in einem reservierungspflichtigen Wagen muβ eine Platzkarte gelöst werden.

4. Wenn bei der Fahrt auf der Grundlage des Fahrscheines für einmalige freie Fahrt in den reservierungspflichtigen Wagen befinden sich der Abgangs- oder Bestimmungsbahnhof oder die Reisestrecke in Geltungsbereichen von unterschiedlichen Tarifabkommen, so sind getrennte Bett-, Liege-oder Platzkarten für die in den angewandten Tarifen aufgeführten direkten Verbindungen zu diesem Fahrschein auszustellen.

5. Der Inhaber des OSShD-Fahrscheines für einmalige freie Fahrt darf die Reise an jedem Bahnhof antreten, der auf der in dem Fahrschein angegebenen Reisestrecke gelegen ist.

6. Befinden sich der Abgangs-und/oder Zielbahnhof auf den Bahnstrecken der OSShD-Nichtmitgliedsländer oder führt der Reiseweg im Transitverkehr bei den Eisenbahnen der OSShD-Nichtmitgliedsländer, so sind von dem Inhaber des freien Fahrscheines:

-der Beförderungspreis für die Fahrt auf den Strecken der Eisenbahnen des OSShD-Nichtmitgliedslandes

-der Bett-, Liege-oder Platzkartenpreis zu erheben

7. DerÜbergang in eine höhere Wagenklasse als die im Fahrschein angegebene Klasse ist nach Zuzahlung des Preisunterschiedes in Übereinstimmung mit den angewandten Tarifen gestattet.

8. Der Fahrschein ist nur in Verbindung mit einem amtlichen Ausweis gültig.

9. Ein Fahrschein berechtigt zur Fahrt einer Gruppe von Eisenbahnern und ihren Familienmitgliedern von max. 36 Personen und im direkten sowie Transitverkehr bei den KZD von max. 5 Personen.

10. Bei der Ausfüllung der OSShD-Fahrscheine für einmalige freie Fahrt einer Gruppe von Eisenbahnern und/oder ihren Familienmitgliedern von max. 5 Personen sind Vornamen, Familiennamen und Passnummer aller Personen anzugeben.

Bei der Ausfüllung der OSShD-Fahrscheine für einmalige freie Fahrt einer Gruppe von Eisenbahnern von maximal 36 Personen ist der Vorname, Familienname und die Passnummer des Gruppenleiters anzugeben. An den Fahrschein ist ein zusätzliches Blatt mit dem Verzeichnis aller Gruppenmitglieder mit Angabe ihrer Vornamen, Familiennamen und Passnummer anzuheften.

使 用 规 则

1. 铁组一次性免费乘车证在下列国家铁路乘车有效：

阿塞拜疆共和国[阿(塞)铁]、白俄罗斯共和国(白铁)、保加利亚共和国(保铁)、匈牙利(匈铁)、越南社会主义共和国(越铁)、格鲁吉亚(格铁)、伊朗伊斯兰共和国(伊铁)、哈萨克斯坦共和国(哈铁)、中华人民共和国(中铁)、朝鲜民主主义人民共和国(朝铁)、吉尔吉斯共和国(吉铁)、拉脱维亚共和国(拉铁)、立陶宛共和国(立铁)、蒙古国(蒙铁)、摩尔多瓦共和国(摩铁)、波兰共和国(波铁)、俄罗斯联邦(俄铁)、罗马尼亚(罗铁)、斯洛伐克共和国(斯铁)、塔吉克斯坦共和国(塔铁)、土库曼斯坦(土铁)、乌兹别克斯坦共和国[乌(兹)铁]、乌克兰[乌(克)铁]、捷克共和国(捷铁)、爱沙尼亚共和国(爱铁)。

2. 凭铁组一次性免费乘车证有权：

——在铁组成员国铁路范围内免费乘坐铁组一次性免费乘车证上所载等级的所有列车和车厢(一等车厢商务席位除外)。

——每位旅客免费运送 36 公斤以内的携带品。

3. 乘坐规定必须预留席位的车厢时，必须获得席位票。

4. 如凭铁组一次性免费乘车证乘坐规定必须预留席位的列车车厢时，发到站或运行经路位于不同的运价协定适用范围内，则对铁组一次性免费乘车证按适用的运价分别办理直达区段的席位票。

5. 铁组一次性免费乘车证持有者可在票面所载经路上的任何车站开始乘车。

6. 在过境非铁组成员国铁路的经路上乘车时，铁组一次性免费乘车证持有者应支付：

——在非铁组成员国铁路乘车的票价。

——卧铺票票价。

7. 根据适用的运价支付票价差额后，允许改乘高于乘车证上所载等级的车厢。

8. 铁组一次性免费乘车证限于提出身份证明文件时才有效。

9. 凭一张铁组一次性免费乘车证允许不超过 36 人的铁路员工及其家属的团体乘车，而与中铁的直通和过境联运中，不超过 5 人。

10. 填写不超过 5 人的铁路员工和(或)其家庭成员共同乘车的铁组一次性免费乘车证时,注明所有乘车人员的姓名和护照号码。

填写不超过 36 人的铁路员工团体乘车的铁组一次性免费乘车证时,注明团长的姓名和护照号码。补充客票与注有姓名和护照号的全部团员名单附于铁组一次性免费乘车证。

ОБРАЗЕЦ ДОПОЛНИТЕЛЬНОГО БЛАНКА РАЗОВОГО БЕСПЛАТНОГО БИЛЕТА ОСЖД

ДОПОЛНИТЕЛЬНЫЙ БЛАНК
ДЛЯ РАЗОВОГО БЕСПЛАТНОГО
БИЛЕТА ГРУППЫ
(годен на 20___-20___гг.)

ZUSÄTZLICHER FAHRSCHEIN
DES FAHRSCHEIN FÜR EINMALIGE
FREIE FAHRT DER GRUPPE
(Gültig für das Jahr 20_und 20_)

团体一次性免费乘车证补充客票
(20___-20___年有效)

Подпись и печать
ж. д., выдавшей билет
Stempel u. Unterschrift
der Ausgabeverwaltung
发放乘车证铁路签字和盖章

ОСЖД OSShD
铁组

№____________________

____________________ 20 __________ г.
(Дата) (Datum) (日期)

К разовому билету ______________________________
Zum Fahrschein
属于一次性乘车证

Действителен по ______________________________
Gültig bis
有效期至

Выдан (фамилия, имя, должность): ______________________________ ______________________________
Ausgegeben an (Name, Vorname, Dienstbezeichnung):
发给(姓名,职务)

Подпись
Unterschrift
签字

Совместно следуют: ____
Mitreisende
同行人员:

	Фамилия, имя Name, Vorname 姓名	№ Паспорта Passnummer 护照号		Фамилия, имя Name, Vorname 姓名	№ Паспорта Passnummer 护照号
1.			19.		
2.			20.		
3.			21.		
4.			22.		
5.			23.		
6.			24.		
7.			25.		
8.			26.		
9.			27.		
10.			28.		
11.			29.		
12.			30.		
13.			31.		
14.			32.		
15.			33.		
16.			34.		
17.			35.		
18.			36.		

ОБРАЗЕЦ ДОПОЛНИТЕЛЬНОГО БЛАНКА РАЗОВОГО БЕСПЛАТНОГО БИЛЕТА ОСЖД

оборотная сторона

ДОПОЛНИТЕЛЬНЫЙ БЛАНК
ДЛЯ РАЗОВОГО БЕСПЛАТНОГО
БИЛЕТА ГРУППЫ
(годен на 20___-20___гг.)

ОСЖД OSShD
铁组

ZUSÄTZLICHER FAHRSCHEIN
DES FAHRSCHEIN FÜR EINMALIGE
FREIE FAHRT DER GRUPPE
(Gültig für das Jahr 20____und 20____)

Подпись и печать
ж. д., выдавшей билет
Stempel u. Unterschrift
der Ausgabeverwaltung
发放乘车证铁路签字和盖章

№------------------------

团体一次性免费乘车证补充客票
(20____-20____年有效)

------------------ 20 ------- г.
(Дата) (Datum) (日期)

К разовому билету ----------------------------------
Zum Fahrschein
属于一次性乘车证

Действителен по ----------------------------------
Gültig bis
有效期至

Выдан (фамилия, имя, должность): -- ------------------------
Ausgegeben an (Name, Vorname, Dienstbezeichnung):
发给 (姓名,职务)

Подпись
Unterschrift
签字

ПРОЕЗД ТУДА
HINFAHRT
往程

ж. д.
der Eisenbahnen
铁路

От ст. / Vom Bahnhof /自 站

-- --------

До ст. / Nach dem Bahnhof /至 站

-- --------

Через / über /经由

-- --------
-- --------
-- --------
-- --------

ПРОЕЗД ОБРАТНО
RÜCKFAHRT
返程

ж. д.
der Eisenbahnen
铁路

От ст. / Vom Bahnhof /自 站

-- --------

До ст. / Nach dem Bahnhof /至 站

-- --------

Через / über /经由

-- --------
-- --------
-- --------
-- --------

Приложение 4

НОРМЫ
РАЗОВЫХ БЕСПЛАТНЫХ БИЛЕТОВ ОСЖД ДЛЯ ЛИЧНЫХ ПОЕЗДОК ЖЕЛЕЗНОДОРОЖНИКОВ, УСТАНОВЛЕННЫЕ ДЛЯ ЧЛЕНОВ ОСЖД И КОМИТЕТА ОСЖД
НА 1 ГОД

Члены ОСЖД от:	Количество билетов
1. Азербайджанской Республики	100
2. Республики Беларусь	300
3. Республики Болгария	200
4. Венгрии	300
5. Социалистической Республики Вьетнам	200
6. Грузии	100
7. Исламской Республики Иран	300
8. Республики Казахстан	100
9. Китайской Народной Республики	900
10. Корейской Народно-Демократической Республики	200
11. Кыргызской Республики	100
12. Латвийской Республики	100
13. Литовской Республики	100
14. Республики Молдова	100
15. Монголии	100
16. Республики Польша	750
17. Российской Федерации	1 500
18. Румынии	400
19. Словацкой Республики	200
20. Республики Таджикистан	100
21. Туркменистана	100
22. Республики Узбекистан	200
23. Украины	750
24. Чешской Республики	300
25. Эстонской Республики	100
26. Комитет ОСЖД	100
27. Запас	400
Итого:	8 100